アニメーション映画

# 「宇宙の法

## ―黎明《れいめい》編―」

# 原作ストーリー

Ryuho Okawa
大川隆法

# まえがき

早いもので、『アニメーション映画「宇宙の法」』を構想して、もう七年もの歳月が経つ。本書で出された最初の案のあと、様々なＵＦＯ情報や宇宙人情報が積み重なって、今回、「黎明編《れいめいへん》」が上映できる運びとなった。

実際のアニメ映画は、躍動感のあるアクション、ファイティングシーンも多く、いわゆるアニメファンにも楽しんでもらえるのではないかと思う。

人類が恐竜時代にも共存していたのではないかという証拠は、

ペルーあたりから出土した古代の石絵にも描かれているが、今回、私は三億年以上の歴史をさかのぼってリーディングを重ねて、映画の原作ストーリーを創った。新しい宇宙時代の幕開けがまもなく始まると思う。

二〇一八年　八月二十八日

幸福《こうふく》の科学《かがく》グループ創始者兼総裁《そうししゃけんそうさい》　大川隆法《おおかわりゅうほう》

# CONTENTS

## 第1章　アニメーション映画「宇宙の法」三部作原案

二〇一一年六月一日　収録
幸福の科学　特別説法堂《せっぽうどう》にて

# 第2章

# アニメーション映画「宇宙の法―黎明《れいめい》編―」原作語り下ろし

二〇一一年十二月二十六日　収録
幸福の科学 特別説法堂にて

「宇宙人リーディング」とは、地球に転生《てんしょう》してきた宇宙人の魂《たましい》の記憶《きおく》を読み取ることである。あるいは、宇宙人当時の記憶を引き出してきて、その意識で語らせることもできる。また、リーディングを「遠隔透視《えんかくとうし》」（特定の場所に霊体《れいたい》の一部を飛ばし、その場の状況《じょうきょう》を視《み》ること）の形式で行い、その場の宇宙人の魂に語らせる場合もある。

その際、宇宙人の魂は、リーディングを行う者の言語中枢《げんごちゅうすう》から必要な言葉を選び出し、日本語で語ることも可能である。

なお、その際に語られる内容は、あくまでも霊人《れいじん》（宇宙人の魂）の意見であり、幸福の科学グループとしての見解と矛盾《むじゅん》する内容を含《ふく》む場合がある点、付記しておきたい。

# 第1章

# アニメーション映画
# 「宇宙の法」三部作原案

2011年6月1日　収録　幸福の科学 特別説法堂《せっぽうどう》にて

# 1 手塚治虫《てづかおさむ》の霊《れい》指導を受けて語る

本法話《ほうわ》は、映画の制作企画《きかく》原案の一つです。

この案は、日本でアニメーションを手がけた手塚治虫《てづかおさむ》の霊《れい》指導を受けて、制作されようとしています（注。本法話に先立ち、同日、幸福の科学総合本部にて「手塚治虫の霊言《れいげん》」を収録した。『手塚治虫の霊言』〔幸福の科学出版刊〕参照）。

それでは、物語を始めます。

●**手塚治虫**（1928～1989）　マンガ家。医学博士。『鉄腕アトム』『火の鳥』『ブッダ』等、数々のヒット作を発表し、"マンガの神様"と呼ばれる。また、作品のアニメーション化に取り組み、日本のアニメ製作に多大な影響を与えた。勲《くん》三等瑞宝章《ずいほうしょう》受章。

# 2 グレイの捕獲《ほかく》

## 海に墜落《ついらく》するUFO

画面は、突然《とつぜん》、大きく荒《あ》れている海です。

黒雲《くろくも》から激しく雨が降りしきっています。雷《かみなり》も、ときどき落ちています。

真っ黒い雲間から、突如《とつじょ》、斜《なな》め四十五度の角度で、銀色に輝《かがや》くUFOが墜落《ついらく》してきます。

UFOは、いったん海中に沈《しず》んだあと、海上に浮《う》かび上がってきます。UFOの上半《じょうはん》部分が開《あ》きます。

ＵＦＯは、直径およそ二十メートルぐらいのものです。これは、母船から地球へと飛来し、地球から母船へと戻《もど》っていくための着陸用のＵＦＯだと思われます。

そのＵＦＯの上部がクルクルクルクルクルクルッと回りながら盛り上がっていき、そのあと、両側にドアが開《ひら》いて、なかから、グレイと思われる身長百二十センチぐらいの一人の宇宙人が這《は》い出してきて、円盤《えんばん》の上を這っていこうとしています。

波が絶えず上下して、激しく揺《ゆ》れています。どうも、ＵＦＯは操縦不能に陥《おちい》って海上に不時着《ふじちゃく》したようです。

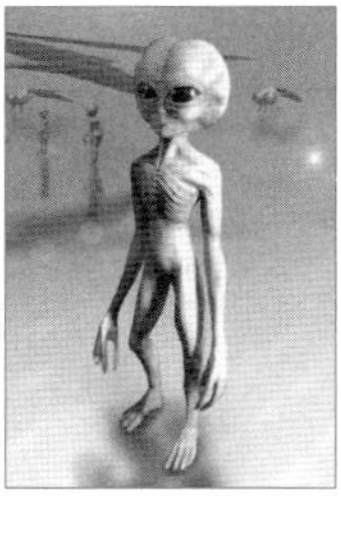

●**グレイ**　宇宙人のタイプの一つであり、サイボーグの一種。身長は120センチぐらいと小柄で細身。頭部は巨大で、黒曜石のような色をした大きな目を持つ。『グレイの正体に迫る』『ザ・コンタクト』（共に幸福の科学出版刊）等参照。

## アダムスキー型の別のＵＦＯが現れる

そこに、上層の黒雲渦巻《うずま》くなかから、強いオレンジ色の光が現れてきます。

これは、今の丸い形のＵＦＯと同じ形ではありません。どちらかというと、古典的なアダムスキー型円盤に似ています。上部に塔《とう》の部分があり、その下にスカート部分の円があり、下に車輪のようなものが四個ほど出ています。

スカート部分の周りには、赤、青、黄色、緑、白といった、いろいろな光があり、それらが点滅《てんめつ》しながら、ＵＦＯは回転しています。違《ちが》った種類の宇宙人が来たものと思われます。

●**アダムスキー型円盤**　いわゆる「空飛ぶ円盤型」のUFO。コンタクティー（宇宙人遭遇者）のジョージ・アダムスキー（1891～1965）が著書で紹介して有名になったことから、「アダムスキー型」と呼ばれるようになった。『ザ・コンタクト』（前掲）等参照。

そのアダムスキー型円盤は、不時着して浮かんでいるＵＦＯの上空に差し掛《か》かると、円盤の底の部分に、ちょうど三種類の扉《とびら》が回転しながら開《ひら》いていくようなかたちで丸く穴が開《あ》き、そこからオレンジ色の●牽引《けんいん》ビームが投げかけられます。

そして、海に浮かんだグレイと思われる宇宙人が、そのＵＦＯのなかに回収されていきます。アダムスキー型円盤のなかに、疲《つか》れ果てたグレイ型の宇宙人が入れられ、手術台の上に運び込《こ》まれていきます。

その間《かん》、ＵＦＯは上空に向かって飛翔《ひしょう》を続け、黒雲を突《つ》き破り、上空高く高度一万メートルぐらい、嵐《あらし》の影響《えいきょう》を受けないところまで昇《のぼ》っていきました。

●**牽引ビーム**　壁やドアなどの物理的障害をすり抜けて、照射した対象を引き寄せることのできる宇宙技術。

## グレイの記憶《きおく》装置を調べる金星人

そこにUFOを静止させた状態で、部屋のなかに金星人と思われる人たちが四人ほど出てきました。

そして、手術台の上に横たわっている、弱っているグレイの頭の部分に、特殊《とくしゅ》な光線を当てているのが見えます。

「その特殊な光線を当てられると、グレイの脳のなかに入っている記憶《きおく》装置が稼働《かどう》して、彼が何の目的で地球に来ていたのかが分かる」という仕組みになっているようです。

ですから、グレイの頭のなかに記憶された探査記録が、壁面《へきめん》いっぱいのスクリーンに映っていくのが見えます。

●金星人　太古の金星には、高度な知性と優美さをたたえた文明が栄えていた。他の惑星とも宇宙船で交流できるほどに進化したが、数億年前の火山の大爆発によって生命が住めない星となる。その後、金星人の魂の一部をもとにして、地球人の魂が創造された。『太陽の法』（幸福の科学出版刊）参照。

# 地球人と宇宙人の合いの子をつくっていたグレイ

さて、壁面のスクリーンを観《み》てみると、「このグレイは、いわゆる、改造目的、品種改良目的で地球人をさらっていた種類のグレイである」ということが判明します。

映像のなかに、「夜中、ある高層マンションの外側に静止し、寝《ね》ている女性や男性をＵＦＯのなかに引きずり込んでいる。特殊なビームを使うと、なぜか窓や壁《かべ》を超《こ》えてしまう」というシーンが映ります。

そして、「彼らは、そうした人たちをＵＦＯのなかに運び込み、手術台の上に載《の》せて、人間のなかから精子や卵子を取り出してい

●**地球人をさらって……**　宇宙人による誘拐事件は「アブダクション」と呼ばれ、「UFOに連れ去られて、体を調べられたり、異物を埋め込まれたり、体液等を採取されたりしたあと、記憶を消されて地上に戻された」といった事例は、アメリカなどでは数百万から１千万件と言われる。世界各地を含めると１億件以上に上るとの説もある。

る。どうやら、宇宙人の生命体の基礎《きそ》になる、言ってみれば、一種のホタルイカの未成熟なもののような、そういう光を放ちつつ生きて動いている卵のような体のなかに、精子あるいは卵子を植え付け、人間と宇宙人との合成肉体をつくろうとしている」というシーンが映ります。

カメラのアングルが変わり、別の部屋には、「すでにある程度育った、宇宙人と地球人との合いの子の胎児《たいじ》」、「そうした胎児の少し大きくなったもの」などがいる様子が映っています。

大きくなるにつれて、だんだん人間の姿に近づいていくことが見て取れます。まだ小さい胎児のうちは、大きな爬虫類《はちゅうるい》型の目や、獰猛《どうもう》な魚の牙《きば》のような歯が見えたり、胎児であるにもかかわらず、指の先に尖《とが》った爪《つめ》があったりするのですが、だんだん体のサイズが大きくなっていくと、次第《しだい》しだいに人間の姿へと変わっていくのです。

「そういうものが容器のなかに入っている」というシーンが映っていきます。

## グレイの行為《こうい》は宇宙協定違反《いはん》

ここで、先ほどの捕獲《ほかく》されたグレイのシーンに戻ります。

四人の金星人は、地球人とよく似た姿をしています。二人は女性で、二人は男性です。

彼らは話し合っています。

「やはり、こいつがやっていることは違法《いほう》だ。宇宙協定に違反し

●**宇宙協定** 「ある星の文明に介入して、その進化に手を加えてはならない」といった規定を定めたもの。ただし、「その星の人々が、戦争などを起こし、自らの手で文明を滅ぼすような事態になった場合には、一定の範囲で介入してよい」という例外条項もある。『「信仰のすすめ」講義』(宗教法人幸福の科学刊)等参照。

ている。地球人を拉致《らち》して宇宙人との合いの子をつくり、それによって、地球人のなかに紛《まぎ》れ込もうとしているのだ」と、宇宙人Aが言います。

宇宙人Bが、「いったい、どのくらいの数の人が、こういうふうにしてさらわれたのかしら」と言っています。これは女性のようです。長い髪《かみ》でブロンドです。

宇宙人Cが、「アメリカだけでも、最低でも数百万人はさらわれたらしい」と言っています。

宇宙人Dが、「では、全世界ではいったいどういうことになっているのか。人類は、そうとうの品種改良を、知らないうちにされているのではないのか。そして、『この時代に、これだけ人口が増えている』ということは、地球人の根本的な考え方や性格が変えられようとしているのではないか。何か大きな、目に見えない『宇宙革命』が内部から進行しているのではないか」ということを言います。これは、男性のようです。

## さらに恐《おそ》るべき事実が分かる

このように彼らは話をしていますが、さらに、グレイの記憶のなかから恐《おそ》るべきシーンが出てきます。

「単に拉致《らち》して改造しようとしているだけではない」ということが分かります。「どうやら、母船のほうに移された人間もいるらしい」ということが、シーンとして映ってきます。「母船のほうに移して、一部は生殖《せいしょく》用に使われたが、他の者は、どうやら食糧《しょくりょう》用に分けられている」ということが分かります。

四人は、その基準はいったい何であるのかを突き止めようとするのですが、結局、「外見から見たときの、人間としての受け入れられやすさ」や「その人が持っている職業的能力や言語的能力」等を判定して、地球で再利用しようとする者と、そうでない者とを分けようとしているようです。

精子や卵子等を取り出された者は、また元に戻される場合もあれば、しばらくの間、例えば、「体外受精ではないスタイルで、人類型の女性のお腹《なか》のなかに宇宙人の精子等を入れて、妊娠《にんしん》させる」という実験をされる場合もあるようです。

そして、一部の者はどうやら食糧用となり、母船が、違う星に連れていこうとしているようです。

そういうシーンが見えてきます。

惑星《わくせい》ニビルにいる「グレイ・マスター」

さて、違う星が近づいてきます。

「惑星《わくせい》ニビル」といわれている星のようです。これは、地球の外側を周回している、太陽系の惑星のようです。冥王星《めいおうせい》を惑星として数えるとするならば、「第十二番惑星」に相当するものとして存在するのではないかと計算されていた惑星です。

惑星ニビルに到着《とうちゃく》してみると、「そこは一つの国際都市となっていて、さまざまな宇宙人が、地球に来る前の前線基地として使っている」ということが分かります。

（写真左）大マゼラン雲。
（写真右）小マゼラン雲。

「ここは地球人からの影響を受けることがない。また、このニビルを経由して、ときには月の裏側も基地としながら、地球に来ている」という事実が判明してきます。

惑星ニビルには、いろいろな種族の人たちがいます。地球人に対して好意的な人たちもいれば、そうではない人たちも実際はいますが、この星のなかでは、お互《たが》いに外見上は良好な関係を保つように、外交上、見せているようです。

金星人たちは、このグレイを使っていた「グレイ・マスター」はいったい誰《だれ》であるかを突き止めていきます。そして、グレイを使っていた犯人は、実は、マゼラン星雲のゼータ星から来ている、典型的なレプタリアンであるということが分かるのです。

そのレプタリアンは、立ち上がると五メートルにもなるよう

●**レプタリアン**　宇宙に広く存在する、爬虫類《はちゅうるい》的性質を持つ宇宙人の総称。マゼラン星雲のゼータ星が本拠地の一つと目される。「力」や「強さ」を重視し、一般に攻撃性、侵略性が強い。外見は、爬虫類型のほか、肉食獣型や水棲人《すいせいじん》型、鬼型、人間に近い姿の種族も存在する。『ザ・コンタクト』（前掲）等参照。

●**マゼラン星雲**　南半球の空に見られる２つの小さな銀河。発見当時は銀河の存在が知られておらず、雲のように見えたため、現在も慣習的に「マゼラン雲」「マゼラン星雲」などと呼ばれることが多い。

な、大きな恐竜型《きょうりゅう》レプタリアンです。両腕《りょううで》を伸《の》ばすと、その下には、伝説の龍《りゅう》の翼《つばさ》のようなものが付いています。

これが、食糧として持って来られた地球人を食べていると思われます。

## 惑星連合の巨大《きょだい》母船へ

ここで、先ほどのＵＦＯのシーンに戻ります。

四人の金星人たちは話し合い、「レプタリアンたちが協定を破って地球人に害を与《あた》えていることは、明らかであるようだ。これは、何とかして制止しなくてはならないのではないか」という話をしています。

そのうちの男性の一人が、「よし、それなら、惑星連合（宇宙連合）のほうに話をしなくてはなるまい」という話をしています。

こうして、アダムスキー型円盤は、さらに宇宙空間のほうへと飛んでいきます。すると、高度一万メートルを超え、二万メートル近い空間まで上がったところに、インビジブル・モード（不可視状態）になっている、大きな大きな巨大《きょだい》母船があるのが分かります。

それが、見える姿になります。空飛ぶ豪華《ごうか》客船のようなものです。全長が何百メートルもある大きなものです。そのなかに吸い込まれていきます。

●**惑星連合（宇宙連合）**　愛と平和を重んじ、悪質な宇宙人から宇宙を護ろうとする宇宙人たちの同盟。「惑星連合」という名称もほぼ同義で使われている。現在、惑星連合に加盟する主に８つの星が中心となって地球を防衛しているとも言われている。『地球を守る「宇宙連合」とは何か』（幸福の科学出版刊）等参照。

# 3　惑星連合での話し合い

## プレアデスから来た科学者の提案

四人の金星人は、その母船のなかにいる外交官的存在の人と話をしようとしています。

彼らは、どうやら元金星人であり、金星から分かれていって、いろいろな星に住んでいる人たちのようです。中心的には、プレアデス星団から来た人と、ベガ星から来た人がいます。

プレアデスから来た人は、先ほど、金星人と名乗っていた人と極《きわ》めてよく似た形で、北欧《ほくおう》系の白人の姿をしています。

●**プレアデス星団**　地球から約400光年の距離にある、牡牛座の散開《さんかい》星団。プレアデス星人は、「愛」や「美」を中心的な思想としているとされる。

一方、ベガから来たといわれる人の場合は、ときどき姿が変化していています。また、背後から後光《ごこう》が出ているシーンがよく見えます。惑星《わくせい》連合の人々が集まり、こうした人たちに、「今、違法《いほう》な行為《こうい》をやっている宇宙人の活動を止めるべきだ」という提案がなされます。

そこで、プレアデスから来た科学者が出てきて、「それでは、悪質グレイ捕捉《ほそく》用の警備ロボットを製造しよう」ということを言います。

すなわち、だいたい空中から見ていて、彼らが特定の家に狙《ねら》いをつけ、そのなかの人を引っ張ろうとするときに、その力を無力化する光線を発射して、その効力を無効化するということです。

それによって、人間のほうは、「悪夢を見ていて目が覚める」とい

●**ベガ星**　地球から約25光年の距離にある、琴《こと》座のα星。ベガ星人は、自分の思いに合わせて姿形を変える能力を持つとされる。

う状況《じょうきょう》に近いかたちで、牽引《けんいん》されることなく止まるわけです。

「そういう、無力化光線を発射するロボットを開発しよう」という提案です。

そして、そのロボットがつくられていくシーンが見えます。

そのロボットは、ちょうど地球人好みの、「スーパー・ファイター」のようなロボットで、全長二十メートルぐらいあり、自《みずか》らの力で宇宙空間を飛ぶことができます。そして、インビジブル・モードになって、見えないかたちで、夜中にパトロールすることを開始します。

## 地球人のなかから二人の英雄《えいゆう》を探し出す

ただ、これだけでは十分ではないので、「地球のリーダーに、この事情を知ってもらう必要がある」という提案がなされます。

「実は、ある星、ゼータ星に近い『惑星X』において、侵略《しんりゃく》用のロボット、侵略用のサイボーグが大量につくられている」という事実をつかみ、「これを地球の責任者に伝えなければならない」という提案がなされるのです。

そこで、地球人のなかから「選ばれし者」を見つけようとして、幾《いく》つかの候補を探します。主たる舞台《ぶたい》は日本になるので、「日本のなかに、英雄《えいゆう》的資質を持った救世主的な存在がいないか」ということで、宇宙船のなかで地球人のデータの検索《けんさく》が始まります。

そうすると、ちょうど、そうした自己犠牲《ぎせい》的な行為を行《おこな》っている人を見つけることができました。日本がマグニチュード九・〇の大きな地震《じしん》と大津波《おおつなみ》に襲《おそ》われ、東北方面に大きな被害《ひがい》が出たときに、千葉《ちば》の九十九里浜《くじゅうくりはま》の海岸に立ち、押《お》し寄せる波を念力《ねんりき》で真っ二つに裂《さ》いて遠ざけた人物が、そこに映像として現れてきます。

「地球にも、こういう人がいるではないか」「こういう人を中心に惑星連合と手を結べば、地球防衛ができるのではないか」ということで、話し合いがなされます。

もう一人は、アメリカに巨大《きょだい》ハリケーンが来たときに、瓦礫《がれき》の下に埋《うず》もれた家族を決死的に助け出した、美しい女性が選ばれます。

「この二人を地球の代表者に選ぼう」ということになり、惑星連合の旗艦《きかん》――これを何と呼びましょうか、「セイヴィア号」(救世主号)とでもいいましょうか――に呼ばれることになって、惑星連合の代表たちと話し合うことになります。

# 4 二人に課せられた義務

二人には、「地球人のなかに紛《まぎ》れ込《こ》んでいる悪質宇宙人を探し出す」ということと、もう一つ、「その事前準備として、プレアデスやベガ星に行って研修を受ける」ということが義務づけられることになります。

ですから、二人は、霊言集《れいげんしゅう》に描《えが》かれているような、プレアデスの様子やベガ星の様子を研究していきます。

そして、「宇宙は、必ずしも人類の敵ばかりではない」ということや、「人類は、もともとは、宇宙から来た者たちに指導されてきた存在である」ということを教えられます。

そのなかで、宇宙から地球に来て進化していった、さまざまな

●霊言集に描かれて……　『宇宙人との対話』『宇宙からの使者』（共に幸福の科学出版刊）、『ベガ・プレアデスの教育について訊く』（宗教法人幸福の科学刊）等参照。

人たちのエピソードも学びます。そして、彼ら自身も、「かつて自分たちは、巨大《きょだい》な神霊《しんれい》の下《もと》に仕えていた」ということに気づくことになります。

それは、「アルファ」といわれた存在です。「アルファという偉《い》大《だい》な存在が初めて地球に現れた時代に、自分たちも、その片腕《かたうで》として働いた」ということを思い出していきます。

「三億年以上前のその時代、宇宙人のわがままな考え方によって、地球の文明が危機に瀕《ひん》したとき、それを救おうとしてアルファが立ち上がった。そして、教えを説いている」というシーンが見えてきます。これは、宇宙人たちが、宇宙の記録のなかから二人に見せているものです。

さらに、アルファという存在は、実は、地球の中心神の御《ご》本体

●**アルファ**　地球系霊団の至高神であるエル・カンターレの本体意識の一つ。３億３千万年前、他の惑星から飛来した宇宙種と地球系の人類との間で対立が起きたため、両者を一つの教えの下《もと》にまとめるべく地上に降臨し、「地球的真理」を説いた。『信仰の法』（幸福の科学出版刊）、『アルファの法』（宗教法人幸福の科学刊）等参照。

の分け御魂《みたま》であり、それが地上に物質化した姿であることが明らかにされていきます。

人類の歴史は長く、その創成の秘密にも触《ふ》れることになります。これは、『太陽の法』（幸福の科学出版刊）に書かれていることでもありますが、「地球系霊団の発足《ほっそく》のシーン、創造のシーン」等が現れて、「その後、宇宙からも宇宙人類が呼ばれたこと」や、「その際、『地球に対して害をなさずに適応するように』というようなことを申しつけられたこと」等が語られていきます。

しかし、地球人類は、だんだんに侵害《しんがい》を受けるようになっていきます。そこで、アルファが現れて、人々に調和の教えを新しく説いたわけです。そういうことが分かります。

地球の二人の英雄《えいゆう》たちは、こうしたことを学ぶのです。

# 5 ついに宇宙人による侵略《しんりゃく》が始まる

また現代に戻《もど》ります。

二人は、国連に代表として出席して、世界の人たちに、「今、人類が置かれている本当の状況《じょうきょう》を明らかにすべきだ」と強く訴《うった》えかけ、「世界が一つになって、地球を護《まも》るべきときが来ている」と高らかに告げます。しかし、多くの国の人たちは、それを信じようとしません。

ちょうど、そうしたころに、宇宙人による侵略《しんりゃく》計画が進行してきます。彼らが、実は、「人類の持つ宇宙人との戦闘《せんとう》能力」を破壊《はかい》しようとしていることが分かってきます。世界各地の軍事基地が、攻撃型円盤《こうげきえんばん》によって次々と攻撃されていくシーンが出てきます。

やがて、人々は、この二人の英雄《えいゆう》たちの意見を受け入れて、二人に臨時の全権を与《あた》えて、その指示に従うことを誓《ちか》います。

二人は惑星連合の人たちの力を借りて、宇宙人のなかの邪悪《じゃあく》なる者を地球から撃退《げきたい》することを開始すると同時に、地球人に対しては、対グレイ、あるいは対レプタリアン防衛兵器をつくることを推《お》し進めさせます。

それは、一種の、回転するパラボラアンテナのようなものです。悪質宇宙人が近づいていることを探知すると、そのパラボラアンテナが回転を始めて、彼らが最も苦手《にがて》とする一定の周波数の音を出すのです。

その周波数の音が耳から入ってしまうと、彼らは頭が割れるように痛くなり、地球で活動することができなくなって、地球から撃退されることになるわけです。

こうして、第一回目の彼らの侵略計画は撃退されることになります。

## 6 さらに展開する宇宙人のストーリー

次の第二話は、エローヒムの時代と重ねて、「新しい宇宙人たちの登場」と「地球人との攻防《こうぼう》」も含《ふく》めた、宇宙人の物語をつくっていくのがよろしいと思います。

第三話は、「宇宙のプロテクター編」です。宇宙で、そうした悪なる存在と戦っている「宇宙の騎士《きし》」がいるということを登場させ、宇宙間でのスペース・ウォーを描《えが》くことができれば幸いであるのではないかと思います。

●エローヒム　地球系霊団の至高神であるエル・カンターレの本体意識の一つ。1億5千万年前、地獄界のもととなる低位霊界ができ始めていたころ、今の中東に近い地域に下生《げしょう》し、「光と闇の違い」「善悪の違い」を中心に、智慧を示す教えを説いた。『信仰の法』（前掲）等参照。

## 7 映画「宇宙の法」三部作の全体像

これが、手塚治虫《てづかおさむ》の霊のアイデアによるところの「宇宙の法」です。

第一話は、「目覚めへの道」とでも題しましょうか。「宇宙についての悟《さと》りへの目覚め」というようなものを、主要テーマに置こうと思います。

制作全編は、基本的には、アニメーションによるものがよいと思われます。主として地球を足場に置いたのは、やはり、プロローグ的な意味合いを数多く持たせるためで、さらに、映画「宇宙の法」の話が第二話、第三話と進むにつれて、さまざまなエピソードを織り込《こ》んでいくことが大事だと思うからです。

私の話のなかに、すでに説かれている宇宙人リーディングでのエピソードを一部挟《はさ》み込み、膨《ふく》らませても構わないと思いますが、要するに、キーポイントは、「宇宙協定を破って、宇宙から地球に入ってきている者がいる」ということ、「地球人を護《まも》ろうとする人たちがいる」ということ、「人類のルーツは宇宙にもあった」ということ、「最初のアルファの時代から、宇宙からの防衛は始まっていた」ということです。これを説くことが大事です。

そして、一作目で「アルファの時代」、二作目で「エローヒムの時代」を絡《から》ませ、三作目の「宇宙のプロテクター編」で、宇宙レベルで戦っている者と、エル・カンターレの本当の使命とを合体

●エル・カンターレ　地球系霊団の至高神。地球神として地球の創世より人類を導いてきた存在であるとともに、宇宙の創世にもかかわるとされる。エル・カンターレの本体意識は、3億3千万年前に「アルファ」、1億5千万年前に「エローヒム」として地上に降臨し、さらに現代日本に大川隆法として下生している。『太陽の法』『信仰の法』（前掲）等参照。

させていくということです。

三部作でつくるならば、これが望ましいのではないかと考えます。

以上です。

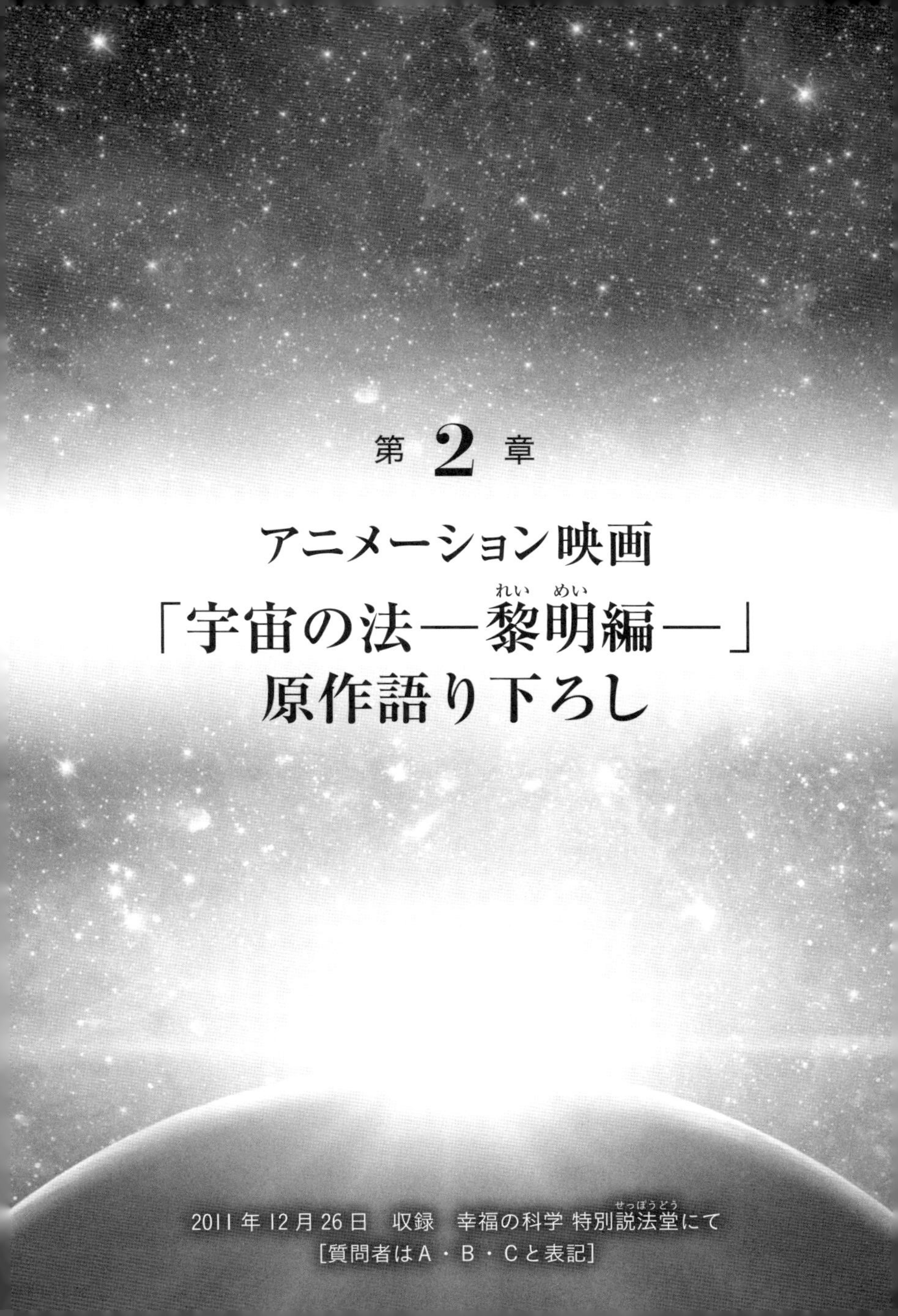

# 第2章

# アニメーション映画「宇宙の法―黎《れい》明《めい》編―」原作語り下ろし

2011年12月26日　収録　幸福の科学 特別説法堂《せっぽうどう》にて

［質問者はA・B・Cと表記］

## 1 映画「宇宙の法―黎明《れいめい》編―」のシナリオ案を提供する

**大川隆法**　今日（二〇一一年十二月二十六日）の話は、映画「宇宙の法」のシナリオに関する霊言《れいげん》です。

前回、原案を一つ出したのですけれども（本書第1章参照）、三部作を考えているらしくて、それには少し材料が足りないようなので、今日は、「〝エピソード1《ワン》〟の部分を何か物語にできないかな」と考えているところです。

今日の話の主としたインスピレーション元はアルファです。

では、このあとは、物語として話をしておきます。

話し終わったあとで、映画制作に当たり、具体的なところで何か訊《き》きたいことがあったら、それについては質問をお受けしてもよいかとは思いますけれども、とりあえず、物語の流れについて話をしてみようかと思うので、よろしくお願いします。

## 2　ゼータ星から地球に来た宇宙人の回顧《かいこ》

三億年以上前の記憶《きおく》をひもとく

大川隆法　アニメーション映画「宇宙の法」エピソード1《ワン》。

（約十秒間の沈黙《ちんもく》）

ザムザ　私もずいぶん年を取ったものだ。

もう、私を見て、地球人であることを疑う者もあるまい。

二人の娘《むすめ》も大きくなった。上の娘は社会人になったし、下の娘もうすぐ大学に入るだろう。

家内《かない》も長らく私の近くで仕えてはくれたが、さあ、私の本質を見抜《みぬ》いているかどうか、それは定かではないなあ。

私の本当の名は「ザムザ」。

本当は地球人ではない。しかし、この地球に来て、もうずいぶんの歳月《さいげつ》が流れた。自分でも、「ずいぶん地球人らしくなったなあ」と思う。

こうやって、「二本の手と二本の足で、人間のような顔をし、人間と同じ生活ができる」ということが、もう当たり前になってしまい、自分の本当の姿や本当の世界、本当の使命を、もうすぐ忘れてしまいそうだ。

もう二人の娘も大きくなったから、父親の本当の姿を教えても、今さら、彼女らの人生観が覆《くつがえ》って、人生が壊《こわ》れてしまうこともないだろう。

というのも、私のような人生を送った者は、ほかにもたくさんいるからだ。

そう、あれは、もう三億年以上も前のことになるかなあ。

こうやって、縁側《えんがわ》に出て、安楽椅子《いす》で夕暮れの空を眺《なが》めていると、西の空に浮《う》かんだ、あかね色の雲が、だんだん巨大《きょだい》なＵＦＯのように見えてくるなあ。

さあ、あの記憶《きおく》をすべて再現できるかどうか、私にも十分な自信はないが、少しでも思い出せるうちに、「父の本当の姿」と、「なぜ、この星に来たのか。どんなことを使命として来たのか」を、語り残しておきたいと思う。

## ゼータ星からの「脱出《だっしゅつ》プロジェクト」

**ザムザ**　今から三億年以上も前のことになる。

私が住んでいた星は、この地球に比べれば、はるかに大きな星だった。直径で言っても十倍はあっただろうか。

一口に「マゼラン星雲」と言われても、その大きさは広大無辺《こうだいむへん》で、その全貌《ぜんぼう》をつかむのは、現代の地球人をもってしても、簡単なことではないだろう。もっともっと宇宙航行技術が進むなり、天体望遠鏡の精度が上がったりしなければ、その姿を捉《とら》えることはできないかもしれない。

私は、そのマゼラン星雲のなかで、最も霊的《れいてき》磁力の強い星に生

（左）大マゼラン雲。
（右）小マゼラン雲。

まれた。そして、あるときには、帝王《ていおう》として、その名を知られていた者である。

マゼラン星雲のゼータ星という星のなかでは、当時、巨大な核《かく》戦争のようなものが行われていて、激しく戦っていた。それに嫌《いや》気《け》がさして、「新天地を切り拓《ひら》こう」と思う者もいた。

また、うち続く戦乱がわれらの食糧《しょくりょう》を減らしていき、快適な生活を送ることはなかなか難しくなってきていた。

そのときの私の名がザムザ。ゼータ星の支配者とまでは言わないけれども、そのなかの一つの国の帝王であったと言ってよいだろう。

われらも、長年の戦いにかなり疲《つか》れを感じて、「宇宙に新しい植民都市をつくろうではないか」ということになってきた。

そこで、「科学技術の粋《すい》を集め、新しい星を求めて移住しようか」ということになり、私を中心に密かに「脱出《だっしゅつ》プロジェクト」が組まれていった。

何しろ、敵軍の攻撃《こうげき》もかなり激しく、わが軍の損耗《そんもう》も激しくなってきたし、宇宙のなかには、もっと平和な星もあれば、もう少し弱い力でもって支配できるような星もあるので、「この国のなかで、お互《たが》いに、最後の一人まで殺し合いを演じるよりも、新天地を開拓《かいたく》することが望ましい」と考えたのだ。

秘密基地でつくらせた巨大《きょだい》母船

**ザムザ**　私がつくらせた船はかなり巨大《きょだい》なものだ。それは、われらの山脈の間にある峡谷《きょうこく》に隠《かく》された秘密の製造基地、敵の目を欺《あざむ》いて、航空写真に写らないような工場でつくられたものだ。

母船となるものは、長さがおよそ二キロもある大きさで、そのなかに、ほとんどすべての都市機能を備えていたと思う。その母船のなかには、もちろん、中継機《ちゅうけいき》としての中型船や小型円盤《えんばん》等も収納していた。

母船の長さは二キロと言ったが、その姿を分かりやすく言うとすると、そうだなあ、地球で言うならば、巨大なジンベイザメのような姿と言ったら、いちばん似ているのではないかと思うな。

そのなかには、人工照明もあり、人工重力の製造機械もあり、また、野菜工場もあれば、水を製造する機械もあり、さらに、動物を孵化《ふか》させて宇宙間移動の間の食糧をつくるための施設《しせつ》も持っ

映画「宇宙の法―黎明編―」に出てくるジンベイザメ型宇宙船。

ていた。

「宇宙（船内）では、星の上に育つような巨大なものをつくりすぎると、なかなか不自由をするので、一定の大きさ以上にはならないようなものを、繰《く》り返し再生産して、つくり出して、それを食糧とする」ということかな。

だから、「地球で言うところの草食動物の原型のようなものを、食糧として、たくさん孵化させていた」と言ってよいだろう。

ただ、これらは、われらの食欲を十分に満たすことはできず、あくまでも旅行期間中の簡易食糧であったかと思う。「犬に似たもの、ウサギに似たもの、ネズミに似たもの、羊に似たもの、そうした動物が幾《いく》種類か、なかで飼われていた」と言ってもよいだろう。

## 動物のアニマを吸収する

**ザムザ**　われらは、本当は、タンパク源としてのみ動物を欲《ほっ》していたのではない。

　現代の人たちに分かるかどうか知らないが、われらは、動物を食べるときに、肉体のみならず、その動物に宿るアニマ、すなわち霊体《れいたい》まで一緒《いっしょ》に食することを趣味《しゅみ》としていたので、単にタンパク質を吸収するのではなく、動物の持っている生命エネルギーをも同時に吸収することを常《つね》としていた。

　つまり、「われらが食べる動物の生命エネルギーが強ければ強いほど、それを食べたわれらの精力も絶倫《ぜつりん》となり、力が増してくる。

その意味で、戦闘《せんとう》能力も高まってくる」ということだな。

宇宙には、なかなか手強《てごわ》い種族が数多くいるために、われらは、そうして、自分たちの生命パワー、霊的パワーも増強せねばならなかった。「単なるベジタリアン」というわけにはいかなかったのだ。

霊体もろとも動物を食べることによって、われらの内なる霊体が、一部、彼らの霊体を吸収してパワーを増し、その容量を増すのだ。

その容量を増した霊力《れいりょく》が、さまざまな戦闘場面における念力《ねんりき》を強めることになる。それは、「フォース」という言葉で言い換《か》えてもよいかもしれない。宇宙には、こうしたフォースを自由に操《あやつ》る者が数多くいるのだ。

## ゼータ星に来た「宇宙からの使者」

**ザムザ**　そういうことで、最初に、二キロメートルぐらいの母船を中心として、それを護衛《ごえい》する、二、三百メートルぐらいの飛行船その他を何百機か連れて、私の国から移住者が出てきた。

もちろん、それに反対し、残留《ざんりゅう》する者もいたことはいたのだけれども、事実上、現代で言えば核戦争に当たることがもう始まっていたので、その環境《かんきょう》では、「いずれ全滅《ぜんめつ》する可能性がある」ということで、残留派と出ていく者とが分かれた。

私は、どちらかといえば戦闘性の強い種族ではあったものの、やや平和を愛する心もあったために、不徹底《ふてってい》ではあったのかもし

映画「宇宙の法―黎明編―」に出てくる移住する飛行船団。

れないが、新天地を探そうとしていた。

そのころ、そんな私たちの星に「宇宙からの使者」がやってきて、次のように述べた。

「ちょうど、地球という星が新しい文明実験を始めており、地球人類を創って、新しい文明をつくろうとしているのだけれども、進化速度がまだ十分に上がっていない。

また、食糧が豊富で気候が温暖なため、人類以外の動物がかなり巨大化しており、『アルファ』という方がお創りになった人類たちが、十分に対応し切れないでいるので、(アルファ様は)もう一段強い種族との合流を望んでおられる」

そのようなことであったが、それならば行き先がかなりはっきりしているので、私は、「この求めに応じて、そこに行こうか」と考えた。

それはもう、ゼータ星の何カ所かで、滅亡をかけた激しい戦いが始まっている時期でもあったので、「よく宇宙を見通しておられる方がいるのだな」と思ったがなあ。

使者として来た方は、とっても美しい顔立ちをしていて、最初に見たときは、男性か女性か、私には区別がつかなかった。永遠の少年のようでもあった。

透《す》き通った白い肌《はだ》をし、頭には金の輪を着けていて、ちょうど月桂冠《げっけいかん》のようだったかな。背中からは白い羽が二つ出て、いわゆる天使の羽のようであった。

服装は、古代ギリシャの神殿《しんでん》に仕える者のような服装であって、革紐《かわひも》でつくられたサンダルのようなものを足に履《は》いているのが、妙《みょう》に印象的だったことを覚《おぼ》えている。

その使者は、確か自分の名を「エロス」と名乗ったと私は記憶している。「父の命《めい》で来た」と語っていたと思う。

彼がどのようにして来たのか、それは分からない。あれが果して実在の人物であったのか、それとも、想念として地球から投《とう》影《えい》されて現れたものであったのか、あるいは、霊体としてのみ来たものであったのか、私にはよく分からない。

ただ、その使者は、「地球には今、もう一段、科学技術も進み、戦闘性もありながら、しかし、何らかの魂《たましい》的な向上を求めている、あなたがたのような種族を入れる必要があるのだ」と語っていたかなあ。

アルファといわれる、地球の神霊《しんれい》がお創りになられた初期の魂が、あまりにも優《やさ》しくて美しくて、平和を愛する理想的なものでありすぎたために、外部からの猛獣《もうじゅう》や恐竜《きょうりゅう》に当たるようなものとの戦いで、かなり苦労しており、「自分たちの精神文明を高める」という本来の修行《しゅぎょう》が十分にできないので、できれば、彼らが本来の魂の進化を果たせるよう、われらに外護《げご》してほしいというようなことであった。

（当時の地球には）ある程度、強い生き物がいたし、場合によっては、宇宙から来るものもほかにあったようではあるので、そういうものから護《まも》るために、忠誠を尽《つ》くしてくれる強い宇宙人も地球のなかに加え、異質なものを合流させて、一種のイノベーションを起こそうとしていたのかなあと思う。

だから、われらは、もともと地球で創られた種族と比べれば、おそらくは正反対に見えた存在かもしれないと思う。

ただ、その趣旨《しゅし》を聴《き》いたとき、われらは、「ゼータ星をもう出よう」と考えていたころであったので、「行き先があって、向こうが受け入れてくれるのであるならば、よいのではないか」と思って、かなりの人数を連れていった。

地球に渡《わた》ったのが、われらだけであるかどうかは知らない。あるいは、ほかの者も呼ばれていたのかもしれないけれども、私の仲間たちは、そうだねえ、少なく見積もっても、二、三万人は一緒に移動したのかな。そう思うがね。

## 宇宙空間をワープして地球へ

**ザムザ**　地球までの移動は初めての経験ではあったので、よくは分からなかったのだけれども、いちおう、霊的にナビゲート（案内）してくれるとのことであったので、私たちは宇宙船に乗って移動した。

その宇宙船の原理については、私が発明したものではないので、よくは分からないが、光速を超《こ》えるものがすでに発明されていた。現代とは違《ちが》い、霊界《れいかい》の科学のようなものがもうすでにあって、この三次元の宇宙空間だけではなく、霊界の高次元の宇宙を通過して移動する方法があった。

私は科学者ではなかったので、これについて詳《くわ》しいことは分からないけれども、要するに、「光の速度を超える動力源を開発することができれば、それができた」ということのようだな。

そういうことで、われらは、最初は宇宙船で星から脱出したのだけれども、追っ手も来ることであるから、いわゆる「ワープ航《こう》法《ほう》」を使い、何度か宇宙空間をワープして地球までやってきた。

マゼラン星雲から地球までは、光の速度でもそうとうな距離《きょり》があると思われるので、霊界を通らなくてはいけないのだけれども、われらの場合、長時間の霊界滞在《たいざい》は難しいので、何回かに分けてのワープが必要であったと思うな。

この私が乗った司令船は、いわゆるジンベイザメ型の司令船だけれども、最後のワープで、ちょうど月に近いところまでワープ

●**ワープ**　宇宙船が宇宙空間を移動する際、遠く離れた目的地に瞬時に到達すること。NASAでは、ワープ航法の実現に向けて2010年から研究を進めている。幸福の科学の霊査では、「UFOは異次元空間である霊界を通って移動しており、多層構造になっている霊界のより高い次元を通れば、より遠くまで一瞬で到達できる」とされる。

してきたと思う。

## 今のアフリカに当たる地に下り立つ

**ザムザ**　そこから見た地球は、今見ている地球とは、ちょっとだけ違っていたかなあ。

今の砂漠《さばく》地帯が、砂漠ではなくて緑がとても多かったし、今、海になっているところにも、大陸になっているところはあったように思うな。また、世界（陸地）はそんなにバラバラではなかったように思う。もっと世界はくっついていたような感じがしてならないね。

ナビゲーションによって、おそらくは今のアフリカに当たるところではないかと思うが、そこに下りた。今のアフリカで言えば、どこかねえ、アフリカの中央部に近い部分なので、おそらくはウガンダあたりに当たるのかなあ。それに近いあたりにナビゲートされて、下りていったと思う。

●地球人類が最初に創られたのは、私が聞いたのでは数百体とのことであったけれども、私たちが地表に下りた当時は、子孫《しそん》はもう少し増えていたように思うね。もう、かなりの数がいたのではないかな。そして、アフリカ以外の土地にも、もう広がりつつはあったと思うな。

地球は、全体的には、やや温暖で、今よりも少し温暖かな。植物がもう少し大きかったし、動物たちも少し大きかったような気がする。

●**地球人類が……**　かつて金星を統治していたエル・カンターレは、地球人類が誕生する以前に存在した金星人の人霊に再生のパワーを与え、約4億年前、地球起源の人霊を数百体創造した。さらに、個性を与えるため、物質化現象を起こし、地上に肉体を出現させたとされる。『太陽の法』(前掲)参照。

だから、私たちの連れてきた食糧用の動物たちも、地球に連れてくると、かなり大きくなっていったような気はするし、一部、違った種類の動物へと変化したものがあるのではないかと思うなあ。

地球はね、環境的には、私たちのところ（ゼータ星）とはそう大きくは変わらないけれども、私たちのところのほうが少し気温が低かったように思われる。ただ、重力は地球よりも少し弱かったので、「私たちの体は、地球人に比べれば大きかったのではないかな」と思うね。

## ザムザの姿形《すがたかたち》を描写《びょうしゃ》する

**ザムザ**　「帝王ザムザとしての私の姿はどうか」とのことだが、立ち上がれば、どうかなあ、うーん、五メートル程度だったか、あるいは、もっとあったか、正確には測れないけれども、立ち上がれば五メートルぐらい、横になれば、尾《お》っぽの部分があるので、それを加えると、かなり長くなるなあ。

体の表面はね、君たちがバッグにして持って歩きたがるような表面だよ。そういう、耐水性《たいすい》の強い、傷つきにくい、弾力《だんりょく》に富む、強いものだなあ。

だから、いちおう、私らの姿は人類とは違っていたなあ。少なくとも、最初の移住においては違っていて、目は二個ではあったが、口は尖《とが》って大きく、かなり強い歯を持っていたなあ。

手は二本あったことはあったが、全体的な比較《ひかく》から見れば、少し短めであった。爪《つめ》が何本か生《は》えていた記憶があるが、爪は五本ではなかったような気がするなあ。三本だったか、四本だったか。やはり三本かな。上の爪は三本ぐらいだったような気がするな。太腿《ふともも》は、かなり重く大きく太く、象のような足をしていたかなあ。足のほうの指は三本ではなかったと思うな。足には五本の指があって、そこから大きな爪が出ていたと思う。

お尻《しり》からは、何と言うのかなあ、大きな尻尾《しっぽ》と言うのかなあ、ゴジラ映画を思い出してもらえばよいが、爬虫類《はちゅうるい》系の尻尾によく似たものが出ていて、その上にギザギザもあった。

これは、バランスを取るためにも必要だった。体を直立させるときのバランサーで、ちょうど、カンガルーが直立するときに、自分の体を〝三本足〟で立てるように、尻尾を使って立った。

また、走るときに、この尻尾を左右に揺《ゆ》らすことには、一種の舵《かじ》の役割があり、それによって方向を決めなくてはいけなかったんだな。

ああ、特徴《とくちょう》的なことを言うのを忘れていた。少し小さめの二本の腕《うで》があったけど、その脇《わき》の下には羽が生えていて、広げれば、かなりの大きな羽が出た。

そうとうな重量があるし、いずれ退化していくものではあったけれども、初期には、努力すれば空を飛べるぐらいの力はあったと思う。

両手は付いておるけど、コウモリのように大きな羽があったので、それを使えば飛ぶことができた。

ただ、平地から飛ぶには、やや厳しいものがあったので、「高台において、四つん這《ば》いで少し助走してから、ジャンプして空を飛

映画「宇宙の法―黎明編―」に出てくるザムザ。原作の時点では男性だったが、映画では女性のキャラクターとして描かれている。(左)人型のザムザ。(右)完全体のザムザは翼竜型レプタリアンの姿。

ぶ」というスタイルが多かったようには思うな。

## ピラミッド型の祭壇《さいだん》で「主《しゅ》アルファ」に祈《いの》る人々

**ザムザ**　その当時の人類は、そうだねえ、今の人類よりは少し大きかったかもしれないと思うのだが、二メートルよりもちょっと大きかったのではないかと思われる。白人種が中心ではあったけれども、色（の違う人種）は、もうすでに何種類かいたね。

白人種、赤色人種《せきしょくじんしゅ》、それから、黒光りをしている種類もいたし、青に近い者もいたし、黄色人種《おうしょくじんしゅ》に近い者もいた。何種類かの色はもうすでに創られていたように思うね。

彼らの特徴はというと、祭壇《さいだん》をつくる傾向《けいこう》があった。あのピラ

映画「宇宙の法―黎明編―」に出てくる、アルファの時代の人類。さまざまな肌の色を持つ。

ミッドの原型かもしれないが、もう少し小さい、四角錐《しかくすい》のピラミッドのようなものをつくって、そのなかに中央へ上がっていく石段のようなものをつくり、そのてっぺんのところで祭祀《さいし》をする癖《くせ》を持っていたなあ。

ピラミッドといっても、今あるような、あんな大きなものではなく、おそらく十メートル程度のものかな。その程度のものだと思う。

おそらく、身分の高い者を祀《まつ》るのだろうと思うが、「巫女《みこ》のような者が、その石段を上がり、供物《くもつ》を捧《ささ》げて祈《いの》る」というようなスタイルをしていたかなあ。

だいたい、お祈りの言葉をあげていたけれども、彼らの祈りの対象はアルファで、「主《しゅ》アルファ」と呼んでいたように思うな。

映画「宇宙の法―黎明編―」に出てくる、ピラミッド型のアルファ神殿（右）と礼拝施設（左）。

ただ、その主アルファは、私が（地球に）呼ばれたときには、霊体で存在したのではなくて、ちょうど地上界にも生まれていたのではないかと思うな。

# 3　地球神アルファとの出会い

## ザムザが見たアルファの姿

**ザムザ**　私がアルファに会えたのは、地球に到着《とうちゃく》して一カ月ぐらいたってからだったかなあ。そのくらいの歳月《さいげつ》はたっていたような気がする。

アルファは不思議な存在で、私たちとはちょっと違《ちが》うんだな。どういう姿と言うべきかは分からないのだけれども……。

もちろん、人間のような姿に見せることが多かったけれども、アルファという人には、思ったとおりの姿に自分を変える力があったようで、相手に分かりやすい形を取ろうとするようではあったね。

だから、「半分は肉体で半分は霊体《れいたい》」のような存在だったのではないだろうか。思った姿を形づくるような人であったかのようにも思えるな。

私が会ったアルファは、そうだねえ、うーん、基本的に、皮膚《ひふ》は人間のようではなくて、金色《きんいろ》に輝《かがや》いていたような気がする。頭には、使者で来た者と同じような、月桂冠《げっけいかん》のようなものを何か着けていたように思う。

目鼻立ちは非常に整った形ではあったと思うが、燃えるような目をしていて、睨《にら》まれるととても怖《こわ》い感じがあった。

もちろん、口を開ければ歯はあるのだけれども、口のなかから、四本ほど、上から二本、下から二本、牙《きば》にも似た、金色の鋭《するど》い歯が出ていたのを覚《おぼ》えている。「これは、たぶん、私たちへの威嚇《いかく》の部分かな」と想像するがな。

全体的には、ギリシャ的な出《い》で立ちに似たものをまとい、白い服に金《きん》を使ったものを中心にしていたと思う。

しかし、背中には、たたんではいたけれども、大きな羽が付いていたように思うなあ。だから、この大きな羽を広げれば、たぶん、空を飛ぶことができたはずだと思う。

アルファから与《あた》えられた「人類を護《まも》る役」

ザムザ　われらが（アルファに）面会したときには、すでに、わ

映画「宇宙の法―黎明編―」に登場する地球神アルファ。地球に新たな文明を起こすため、人類を創造し、3億3千万年前の地球に下生した始原の神。地球における新たな文明の創造を計画している。

れらに似た種族の者が地球のあちこちに出没《しゅつぼつ》はしていたようだが、それらは、招待されずに来ていた者のようだ。

それらは、野生の動物を捕《と》らえてはいたのだけれども、どうも、アルファが創った人間をも食べていたようであり、それで（アルファは）頭を痛めていたようだな。

私は、それらと、ある意味では同族かもしれない。使いにくい言葉を使うと、「レプタリアン」という言葉で呼ばれているのが私であるけれども、私は、アルファから、「レプタリアンたちが地球人類を食べたりしている」ということを聞いた。

そして、「何とか、あなたがたも地球人になる努力をしてもらえないか。あなたがたの同種族だと思われる者たちが、人類に対して危害を与《あた》えているけれども、人類はこれから大いなる発展を経験するので、どうか、あなたがたの進歩的な側面は活《い》かしながら、人類を護《まも》る役もしてもらえないか」と頼《たの》まれたのを覚えているね。

それで、最初は、他のレプタリアン族との戦いをして、腕《うで》を見せたこともあると思うなあ。

レプタリアンといっても、ゼータ星から来た者とは限らず、ほかからもレプタリアン族は来ていたと思うが、いちばん手強《てごわ》かったのはライオン型のようなやつで、これがちょっと手強かったのを覚えておるがな。

ほかの者とも何度か戦いをしたけれども、完全な勝利を収めるところまでは行かなかったような気がする。

映画「宇宙の法―黎明編―」に出てくる、さまざまな姿のレプタリアン。

## 「レプタリアン族」と「地球人類」の価値観の違《ちが》い

ザムザ　ただ、そのときに、私たちにも、自分たちの強さをある程度誇《ほこ》る気持ちが出てきた。「やはり、人類よりも優《すぐ》れた種族だ」ということで、かなり誇る気持ちが出てきたのだが、アルファの弟《で》子《し》たちのなかには、このようなことを言う者たちがいた。

「あなたがたの場合、筋力とか爪《つめ》とか牙とか、そういうものが強いかもしれないし、また、地球に来たときの科学技術的なものも、まだ高いかもしれない。

しかし、人類は、そちらの方向にのみ進化を図《はか》っているわけではなく、『いかにして、宇宙の破壊《はかい》的想念というか、競争、弱肉強食の想念を中和して調和させるか』というようなことを考えている。そして、宇宙のなかに共通の真理をつくろうとしているのだ。そうした共通の真理を地球においてつくり出し、それを広げ、また、宇宙からいろいろな種族の人たちを招き入れて、彼らに、地球で生まれたその真理を勉強させて、宇宙にそれを広げようとしているのだ」

そのようなことを言っていた。

今で言えば、理系と文系の違《ちが》いなのかもしれないと思う。

われらのほうは、理系として、結局、科学技術や物質のほうに関心があり、「破壊力がどれくらいあるか」とか、「物理的な力がどれだけあるか」とか、そういうことに関心がある。

一方、初期の地球人類はというと、文系だったのではないかと思われるので、哲学《てつがく》的な価値や美、調和、優《やさ》しさ、愛、そんなものに非常に価値を感じていて、このへんが（われらには）理解できないところではあったなあ。

例えば、「ボクシングで殴《なぐ》り合って勝つほうが、強くて偉《えら》いに違いない」と、われらはすぐ思うわけだけれども、彼らはそうではなく、「仲間間《かん》の友情のようなもののほうが尊い」という考え方を持っていて、両者の価値観には距離《きょり》があったように思うなあ。

「自分たちが支配階級になれるのではないか」という驕《おご》り

ザムザ　私も、レプタリアン族で地球人を食べている連中とも何度か戦い、彼らを降参《こうさん》させることには成功したのだけれども、わが一族にも、だんだん慢心《まんしん》の気《け》は出てきて、同族に対する優位を誇ると同時に、地球人類に対しても、「やっぱり、われらのほうが強いのではないか」という思いが出てきたので、欲が少し出てしまったのかな。

先に飛来していたレプタリアン族は地球人を食べていたけれども、地球人を食べなくても、食糧《しょくりょう》として得られるものは、ほかにもまだあった。しかし、「これ（地球人）を奴隷《どれい》階級にして、自分たちが支配階級になれるのではないかな」という気持ちが現れたことは、正直に告白せねばならない。

そういう心が出てきた。だって、私たちのほうが、どう見ても強いように見えるからね。

仲間内で「支配・被《ひ》支配」の関係ができてきて、（仲間の一部を）

隷従《れいじゅう》させてはいたのだけれども、「われわれを使おうとして呼んだ地球人類、こちらのほうを支配できるのではないか」という感じが出てきた。

これは、今の日本で言やあ、「アメリカに護ってもらっていたら、アメリカの支配下に置かれる」というような感じかな。

そのような気持ちが生まれ、ちょっと慢心が出てきたことは事実だ。慢心と驕《おご》りが出てきた。われらの力はまだ強かったし、科学的技術はまだ大きく衰《おとろ》えてはいなかったので、地球では珍《めずら》しい部分ではあったかな。

# 人類の生活が〝小人《こびと》たちの世界〟に見えた

**ザムザ**　アルファという人の正体と強さは分からなかった。しかし、一般《いっぱん》の人類として、いろいろな色の人類がいたが、彼らの多くは、そう近代的な生活はしていなかった。

農耕や狩猟《しゅりょう》で得られるものを中心的な糧《かて》としつつ、宗教的な祭《さい》祀《し》を行い、多少なりとも芸術的なるものをつくり出そうと努力していた。

また、われわれには、とうてい理解できなかったのだけれども、歌を歌ったり踊《おど》ったりするようなもので、お互《たが》いに評点を付け、そういうものを祭りにして喜んでいるようなところがあったなあ。

だから、われわれから見ると、非常に不思議な〝小人《こびと》たちの世界〟のような感じにも見えたかな。

小人ということはないがな、二メートルぐらい（の身長）は十分にあったので、小人ではないのだけど、腕力《わんりょく》的には、われわれのほうがずっと上であったので、「この愉快《ゆかい》な小人たちを支配してしまおうかな」という気持ちがムラムラと湧《わ》いてきたことは事実であるな。

私も「帝王《ていおう》」といわれたこともある者であるから、「いっそ地球の帝王になってしまおうか」という気持ちを持ったことは事実だ。

私たちの種族には、羽があって空を飛べる者が多かったのだけれども、私たちの見るところでは、地球人類のなかで羽が付くのは特別な場合であって、アルファとおっしゃる方が特に高弟《こうてい》として認めた方を、「天使」と称《しょう》していたように聞いた。

その「天使」と称していた方々には、白い羽や金の羽などが付いていた。人間型で羽の付いている者がいて、それが空を飛べたことは事実だな。

ただ、彼らは、決して、そう攻撃《こうげき》的な者たちではなかったと思う。空を飛べる種族もいたことはいたが、たいていの人類には羽はなく、二足歩行で歩くことしかできないでいたと思うね。

だから、私たちには、次第《しだい》に、「人類を支配しよう」という気持ちが芽生《めば》えてきた。アメリカで言うと、いわゆる黒人に南部の農業をやらせたような感じで、「彼らに、いろいろな作業をやらせ、貢《みつ》ぎ物を持ってこさせるような関係にできないか」という野心が芽生えてきたことは事実かな。

## 「信仰《しんこう》の力」で戦う地球人類

**ザムザ**　そういうときかな、その気持ちを読み取られてしまったことは事実だ。

わしは、そのとき、やっぱり強さを誇ってはいたので、「人類のなかで、わしより強い者がいるなら、相手をするぞ」というようなことを言ったことがある。そして、相撲《すもう》でもやるような気持ちであったのかもしれないけれども、格闘技《かくとうぎ》戦のような戦いをしてみたことがあった。

われわれは、「生きた動物のアニマ（霊体）を吸収して、霊力《れいりょく》を拡張する」という方法を取っておったのだけれども、その戦いのときに、地球人類のなかには、違ったかたちで霊力を使う者も存在することが分かってきた。

どうも、これは「信仰《しんこう》の力」というものであったようだけれども、この「信仰の力」で彼らは祈《いの》りをするのだ。跪《ひざまず》いて、アルファに祈ると、特別な霊流《れいりゅう》のようなものが流れてくるらしい。「ちょっと、われわれとは違ったかたちで霊的な力が出てくるらしい」ということがあったな。

アルファの側《そば》で、いつもアルファを護っている者が何人かいるのだけれども、そのなかで一人、ちょっとスフィンクスに似た者がいてね、「ガイア」とか言っていたと思う。

これは女性だったらしい。われらから見れば、女性も男性も区別はつかんのだけど、いちおう女性だったらしい。ただ、いちお

う戦闘用のスタイルは取っておったな。このガイアという者もいた。

もう一人、アルファを護っている人がいた。こっちはね、そうだねえ、何だか祭壇《さいだん》で精神統一ばっかりやっているようなタイプの人で、ちょっと違うタイプの人類型の方《かた》だけれども、頭はツルツルだったような気がするなあ。

## 飛行中に霊的《れいてき》光線で撃《う》ち落とされる

ザムザ　私は、いたずらも兼《か》ねて、上空を飛びながら攻撃をかけてみたのだけれども、人類にも、意外に強い者はいたらしくて、最終的には、電撃ショックにも似た、強力な霊的《れいてき》光線のようなものが飛んできたんだなあ。

映画「宇宙の法―黎明編―」に出てくる、女神ガイア。普段は天使のような姿をしているが（右）、戦いの場面ではスフィンクスのような姿に変身する（左）。

スフィンクスみたいなやつや、坊《ぼう》さんみたいなやつの額《ひたい》のあたりから、念力《ねんりき》のような黄金色の光線が飛んできて、それにやられるんだなあ。

空を飛んで回っているときに、その念力光線のようなものが飛んでくると、ちょっと雷《かみなり》に打たれたようになり、目が潰《つぶ》れそうになって、クラクラッと脳震盪《のうしんとう》が起きる。そのあと、羽ばたきが止まってしまい、墜落《ついらく》してしまうんだなあ。

体は重いのでね、墜落して地上に落ちると、ちょっとは痛いし、お尻《しり》を打って動けなくなってしまう。そういうことが何度かあって、「やっぱり、支配階級にはなれないのかな」と思った。

また、われわれは三次元的なことでの強弱を非常に重視しておったのだけれども、「もう一つ違ったものもある。われわれが『弱さ』と思っているもののなかにも、どうやら違った面がある」ということを知った。

私は、自分が敗れたこともあり、多少、反省というものを教えられたことがあって、人類の政《まつりごと》の一角《いっかく》に座《すわ》らせてもらえることがあった。

## アルファが語った創造の秘密

ザムザ　ときどき、「アルファが祭壇の上から説法《せっぽう》をする」ということがあったが、アルファは次のようなことを言っていた。

「私は、いろいろな生命の源《みなもと》である。いろいろな生命を創った。動物も植物も創った。また、動物や植物が生きていける源である星、あるいは宇宙を構想した者である。

『それぞれの星で文明をつくり、発展した』と、あなたがたは思っているかもしれないけれども、もともと、すべては私の心から現れているのだ。私の心の『かくあれ』という念《おも》いが多様に顕現《けんげん》しているのだ」

われらレプタリアン族にとっては、巨大《きょだい》な体や鋼鉄のような強い体、一打ちで大木《たいぼく》をもなぎ倒《たお》してしまえるような強力な尾《お》を持っていることが、すごい自慢ではあったけれども、アルファは、「それもまた、実は、私の造化《ぞうか》の作用というか、創造のなかにあるのだ。この世のありとしあらゆるもの、生きとし生けるものは、すべて、『私が心のなかに描《えが》いたもの』が現実化したものである」というようなことを言っていたな。

それは、最初は「不思議なこと」のように聞こえたけれども、だんだんに、「それが本当である」と信じられるようになってきたな。

アルファは、「『この世にあるものがすべてだ』とは思わないほうがよい」というようなことを言うと同時に、「私が、これだけ多様な生命を創ったのは、『違う立場に立ち、違う行動様式を持っている者たち、違った存在形態と違った考え方を持っている者同士が、お互いに理解し合えるかどうか』ということを、進歩の一つの試金石《しきんせき》にしたのだ」というようなことを言っていたな。

レプタリアンは「トカゲ」を意味する。われわれはトカゲよりもはるかに立派なものではあったけれども、「トカゲのようなものが、例えば、シカのようなものと平和共存を実現できるのか。あるいは人類と平和共存を実現できるのか。どういうかたちで人間関係を結んでいけるのか。そして、愛とは何なのか」というようなことを学んでいったな。

初期には、われわれも含《ふく》め、人類もまだ愛を「生殖《せいしょく》の別名か」と思っていたことが多かったし、そうした意味での発展・繁栄《はんえい》、生殖的発展・繁栄はありえたけれども、「それを超《こ》えたものもある」ということを、アルファは語っていたなあ。

「物質化現象の能力」が極《きわ》めて高かったアルファ

**ザムザ**　アルファという方の特徴《とくちょう》の一つは、「物質化現象に関する能力」が極《きわ》めて高かったことだ。

われわれが何かをしようとしても、それについて、「よいことか、悪いことか」ということを即座《そくざ》に判断し、よいことであれば、もちろん、温かく見守っておられるのだけれども、悪いことであった場合には、たちまち、われわれの強敵に当たるようなものを出現させる力があった。

それが幻《まぼろし》なのか実体なのかは分からないのだけれども、突如《とつじょ》、われわれの強敵のようなものが現れてくる。

例えば、私たちのようなレプタリアン系の者が、何か乱暴狼藉《らんぼうろうぜき》のようなことをやろうとしたら、突如、マンモスのようなものが現れてきて、われわれに立ち向かってくる。どこにもマンモスなんかいなかったのに、突如、姿を現してくるんだなあ。

巨大な白象《びゃくぞう》のようなものが出てきて、その強大な牙と強い鼻でもって、われらを背中から打ち倒すようなことをやったりするんだよな。こういうことは、ちょっと驚《おどろ》きだったなあ。

初期の人類が持っていた「宇宙の交通網《もう》」

**ザムザ**　初期の人類には、まったく科学文明がないかといえば、そうではなかったようで、一部には、そういう部分もあった。

あまり遠くまでではなかったようであるけれども、太陽系を中心に「宇宙の交通網《もう》」はあったらしく、定期的に連絡《れんらく》が取れる宇宙船みたいなものは開発されていたようだな。

だから、月や火星、金星その他とも交流はあったようだ。いろいろな星に住んでいる者もいたので、それらと行ったり来たりすることがあったようであるなあ。

## 4 地球人として「外護《げご》」の役割を担《にな》う

### 次第《しだい》に整ってきた転生輪廻《てんしょうりんね》のシステム

ザムザ　これが、私が到着《とうちゃく》した時代の話である。

いずれも三億年を超《こ》える昔のことなので、現代の人たちには、そう簡単に信じられることではないだろう。

その後、地球での寿命《じゅみょう》というものも定められて、われわれにも「地上での命を失う」ということが起きてきて、死後の霊界《れいかい》というところに住むようになった。

霊界には、本当に、いろいろな形の生き物がいっぱいいいたな。

当時の地球には、宇宙人や動物など、いろいろなものがいっぱいゴシャゴシャにいたけれども、霊界でもまた、世界の建設が始まっていた。

また、主として、いろいろな雑種の種族がいっぱい住んでいるところで、次の●転生輪廻《てんしょうりんね》というか、生まれ変わりにおいて、『何に生まれ変わらせるか』ということによって、どういう方向に導くか」というような仕事が始まっていたようであるな。

これも、「天使」とか「菩薩《ぼさつ》」とかいわれた者たちの仕事ではあったようだけれども、各人の転生計画を立てて、幾《いく》つかの経験を積ませるわけだ。

もちろん、「同じ種類で生まれる」ということもあるが、全然正反対のものに生まれ変わることもある。また、「戦争あるいは喧嘩《けんか》

●**転生輪廻**　本来、永遠の生命を持った霊的存在が、一定期間ごとに霊界から地上界へ生まれ変わること。一時期、不自由な肉体に宿って人生修行する経験を通し、魂の進化・向上を目指している。『太陽の法』(前掲)等参照。

をしたような者同士を一緒《いっしょ》にする」というかたちで生まれ変わらせることもあって、これはカルマの問題なのかもしれないけれどもね。

私は、どちらかというと戦いや競争が好きであったので、比較的《ひかく》、そういう傾向《けいこう》の強い生まれ方をしたようには思うなあ。

ザムザと仲間たちは「外護《げご》」の役割を担《にな》っている

**ザムザ**　その後、何度か繰《く》り返し繰り返し転生したが、「最初に地球に来たときには、いちおう招待をされた」ということが、私の大義名分《たいぎめいぶん》である。

レプタリアンは現代でも、人類をさらったりすることもあるし、彼らのアンドロイド（人造人間）であるグレイを使って、いろいろと悪さもしたりしているようではあるけれども、宇宙は広いので、宇宙の全部をうまくコントロールすることは難しくて、それぞれのところで、司令官のような人たちが統治のために活躍《かつやく》をしているようではあったかな。

私も、生まれ変わりによって、だんだん姿を変えてはきたが、いつも、ある程度の体力と、強い意志と、戦闘力《せんとうりょく》を持って生まれてきたようではある。

そういうことで、レプタリアンの一族ではあるけれども、アルファからエローヒム、エル・カンターレへと流れていった、エル・カンターレの流れのなかに、次第《しだい》しだいに、いつの間にか入って、それを外護《げご》する役割をしている。

私の仲間たちは、だいたい戦闘力が強いので、主として、「外護」という、超人的《ちょうじん》な人たちを護《まも》る役割をやっておる。そういうことが事実であるなあ。

さまざまな宇宙人たちが「地球人」として一つに

**ザムザ**　三億年以上の歴史を語ることは難しいが、その間《かん》、いろいろな現れ方をしたし、いろいろな文明が、現れては消え、現れては消えた。

現代も、戦争もあれば、いろいろな天変地異もあり、人類の苦しみの時期を迎《むか》えてはいるであろうが、私の三億年以上の記憶《きおく》から見れば、そうしたことは数限りなく起きてきた。「いろいろな経験を通して、人は何かを必ずもらうものだ」と思っている。

そうそう、私の今の二人の娘《むすめ》も、やはり、ほかの宇宙から来た者ではあるが、なぜか親子の縁《えん》ができてきてな。

一人は、ヒョウのような姿をした者ではあったし、もう一人は、ヒョウではないけれども、ちょっと違《ちが》った形のサソリ型の生き物ではあったが、それが今では、みな美しい女性に育ち、地球人に化《ば》けて暮らしているのは、とても幸福なことだ。

さまざまな出自を持ちながら地球人になって、国籍《こくせき》は違い、言葉も違い、肌《はだ》の色も違うが、さまざまな宇宙から来た者が、「地球人」として一つになり、また「新しいまとまり」をつくろうとしているのは、とてもとても素晴《すば》らしいことなのではないかな。

私は、もう年を取ったので、「これから何かができる」ということはもうないであろうが、「いずれ、地球から他の惑星《わくせい》へと転生し、そこの最前線で働いてみたいな」というようなことを願っている。

あら、どうやら私の話の一部を妻に聞かれたらしい。妻も、どうやら頭に角《つの》が生《は》えているようだ。これは、どこで捕《つか》まったのかなあ。何か縁ができたようだが、うちは、どうも〝怪《かい》物《ぶつ》〟の一家であったようではあるな（会場笑）。

「老人の繰《く》り言《ごと》だ」と思って聞いてくれれば幸いだ。

これは、つまらぬ話ではあったが、かつて「帝王《ていおう》」といわれたザムザの、懺悔《ざんげ》を込《こ》めた転生の話であった。

こんなもので映画になるかのう。

大川隆法　以上です（会場拍手）。

## 5 「アルファへの信仰《しんこう》」を持つようになった理由

大川隆法　何かご質問がありましたら……。

A　お話のなかで、主人公のザムザさんは、最初、レプタリアン的な考え方をかなり持って生きていましたが、途中《とちゅう》で変わりました。

それには、「戦いに力で負けた」ということもあったと思うのですが、単純に「力負けをした」ということだけではなく、精神的な部分で、何か、アルファに対する信仰《しんこう》を持つようになったところがあったのでしょうか。

「何がきっかけになって変わったのか」ということについて、もう少し詳《くわ》しく教えていただきたいと思います。

## ゼータ星にはなかった「許し」と「慈悲《じひ》の心」

**ザムザ**　うーん。まあ、アルファは、どんな場合にも責めなかったね。それが不思議なことであったがな。

要するに、アルファを警護している者と戦いをして、もちろん、この世的な勝ち負けの問題もあるが、それで私を殺そうとしたわけではない。

やったことについて、行為《こうい》の善悪はあるし、「相手を悪と決めつけて、徹底的《てってい》に粉砕《ふんさい》する」という傾向《けいこう》を、われわれは持っておるのだけれども、そういう傾向は（アルファには）なかったなあ。

私は、そのときに、「許し」というものがあることに気がついた。「許し」というものは、ゼータ星のレプタリアン族にはない考えなんだな。

愛というものを、どちらかといえば、「奪《うば》うものだ」と考えているのがレプタリアンの傾向なので、「愛せば、惜《お》しみなく奪い取る」というのが基本の原則であり、それが愛に関するわれわれの考えであった。

ところが、アルファの考えには、愛のなかに「大いなる放棄《ほうき》」のようなものもあって、愛を惜しみなく捨てるところもあったし、愛を惜しみなく許すところもあったなあ。

これは「慈悲《じひ》」というべきものかもしれないが、そういう「慈愛の心」は、マゼランのゼータ星では教わっていないことであり、誰《だれ》も知らないことであった。

「偉大《いだい》なる放棄」とか、「偉大なる許し」とか、そのようなものについては、実体験をして初めて胸に響《ひび》くものがあったと言えるかなあ。

## 6
## 地球に来ている
## レプタリアンの種族と目的

B　先ほどのお話のなかで、「地球を攻撃《こうげき》しているレプタリアンのなかでも強い者として、ライオン型がいた」とお聞きしたのですが、当時、地球人を食べたりしていた、悪質と言っていいようなレプタリアンの種族がほかにもあれば、教えていただきたいと思います。

また、そもそも、なぜ彼らは地球に来ているのか、その目的をお教えいただけますでしょうか。

## 宇宙のなかにある「進歩」と「調和」の二つの力

**ザムザ**　そうさねえ。うーん。「当時、宇宙で大きく二つの力が張り合っていたのではないかな」と思う。一つは、やっぱり「進歩」の力だと思う。進歩、進化するほうに与《くみ》する勢力が半分はあって、もう一つ、「調和」を中心とする勢力も、やっぱり半分はあったのではないかと思われるね。

調和を中心とする勢力には、もともと金星から分かれた種族が多かったと思われるのだけれども、彼らの場合、その身を犠牲《ぎせい》にすることが多かったように思うね。

反省をしない種族の者たち、要するに、「勝てば官軍」的に思う者たちには、彼らを好んで獲物《えもの》にする気《け》はあったから、宇宙の各地に渡《わた》って、そういう狩《か》りをやっていたことは事実だね。星（の住民が）丸ごと移住してきたわけではないのだろうと思うけれども、宇宙のいろいろなところに前線基地を置いていた。

金星系の者たちや、プレアデス、ベガ、このへんの者たちはつながっているけれども、こうした者たちは、いい獲物になりやすかったので、こういう者を獲物とするために地球にも来ていたと思われるね。

「一見、弱く見えるものを、実は神が愛しておられる」ということを悟《さと》るのは、とても難しいことだ。

相撲《すもう》取りの例を出したが、相撲では「強い者が偉《えら》いのであって、弱い者は偉くない」ということなので、「横綱《よこづな》を張っている者が幕《まく》下《した》の者を愛する」というのは、なかなか理解ができないことではあったね。

個人主義的な「利己心」と共同体的な「利他心《りたしん》」

**ザムザ** ただ、われわれから見たら「弱い種族」と思えていたもののなかに、われわれが気がついていなかったものがあった。われわれは、(自分たちを)「強い」とは思っていたが、「非常に個人主義的な傾向《けいこう》を持っていた」ということは言えると思うんだなあ。

それが「利己心」といわれるものなのかもしれない。だから、この「利己心」と「進化」は非常に関係のあるものであると思う。単に「勝ちたい」という気持ちが進化を促《うなが》す力は非常に強いし、それは現代でも働いているだろうと思う。

また、「利他心《りたしん》」を持っている人たちもいる。利他心を持っている人たちは、一見、弱く見える。「自分の利益を放棄《ほうき》して、他人《たにん》のために尽《つ》くす」ということであるから、個人としては非常に弱く見えるのだが、「利他の心でお互《たが》いを支え合っている」ということで、強力な共同体が出来上がってくる。

個人としては勝てた相手が、チームあるいは共同体として立ち上がってくると、違《ちが》ったものになって、弱いと思われたものが意外に強固なものになってくることがあった。

われわれの場合、戦うけれども、どうしても利己心が勝《か》ってしまうので、自分の獲物を求めて、われ先にと競争するような面がある。

ところが、彼らはそうではなく、例えば、獲物なら獲物を獲《と》っても、「全体に対して公平に分配していこう」というようなことをし、話し合いによって決めたりしている者が多かったかな。だから、「こちらの種族は、デモクラシー的な考え方の根源にあるのかな」と思うね。

われらのほうの考えは、デモクラシー的な考えよりは、どちらかといえば、やはり侵略《しんりゃく》型に近いものではあったのかな。

## 恐竜《きょうりゅう》は宇宙人のペットが巨大《きょだい》化したもの

**ザムザ**　地球に来ていたもののなかには、典型的なレプタリアン、要するに爬虫類型《はちゅうるい》のレプタリアンもいたけれども、それ以外のものも来ていたし、爬虫類型であっても、空を飛べる種族と、空は飛べない種族、地上だけを移動できる種族もいた。

あと、土に潜《もぐ》れる種族がいて、土から出てくる。先ほど、ちょっと「サソリ」という言葉も出たけれども、地中から出てきて襲《おそ》ってくる種族のものも、すでに来ていたと思うね。

あとは恐竜《きょうりゅう》だけれども、恐竜そのものは、もともと人類型の宇宙人ではなく、ペットとして飼われていたような動物たちが、地球に来て巨大化《きょだい》したものだ。食糧《しょくりょう》が豊富で、彼らの口に合う食糧が多かったため、巨大化したところがあって、それがだんだんに悪さをするようになった。これも敵になったものだろうね。

## ゴリラ型は類人猿《るいじんえん》型とレプタリアン型の合成

**ザムザ**　あと、ゴリラ型のものがレプタリアンに分類されることに対しては、一定の疑問がある。ゴリラ型のものであってもだね、実際のゴリラではない。

要するに、ゴリラは類人猿《るいじんえん》の流れにあり、人類の親戚《しんせき》型のものであろうけれども、ゴリラにはね、もとがあると思うんだな。人類、人型宇宙人とレプタリアン系のものがね、遺伝子配合をされて、つくり出されたものではないかと思う。

本当は、「ホモ・サピエンス型で、知恵《ちえ》に依拠《いきょ》して生きていかねばならないものが、さらに力を誇示《こじ》する要素をも備えたもの」がゴリラ型であり、その意味で、彼らはレプタリアンとは言い切れないのだけれども、その血が半分ぐらい入っていると考えてよいと思う。あれは合成されたものだと思うんだよな。

だから、いわゆる類人猿型、せいぜいエイプ（猿《さる》）型のものに、巨大な腕力《わんりょく》を備えたレプタリアン型の遺伝子を加えて、合成されたものではないかと思うね。

そういう意味では、方向性として似たものを持っていることは持っているね。

ただ、ゴリラ型であっても、完全に草食系になってしまっているものに関しては、「レプタリアンではない」と判断しても構わないのではないかと思うね。

ああいう大きな体を持っておりながら、バナナとかタケノコとか、そんなものしか食べないのは実に不思議なことなので、これは何らかの訓練か教えを受けたと思われる。「本来ならば、小さな動物を食べてよいはずなのに、食べない方向に行ったものがある」ということだ。今残っているのは、そちらの種族だな。

だから、昔は、動物を食べる系統のゴリラ族もいたのではないかと思うがね。

そのようなものが、いろいろいたかな。

ライオン型やヒョウ型その他、こういう四つ足で獰猛《どうもう》なやつのなかには、恐竜と対抗《たいこう》できるぐらいのものがいたことはいて、当時も、そうとう強い獰猛な牙《きば》と爪《つめ》を持っていた。

また、「巨大なオオカミのようなもの」と言ってもよいかもしれないけれども、レプタリアンの厚い皮を十分に食い破れるぐらいの力を持ったやつがいたことはいたので、これらについては、「（レプタリアンと）ほぼ同類」と見てもよいのかもしれないんですがね。（出身の）星はさまざまだと思います。ただ、「宇宙に渡り、金星やプレアデス、ベガ系の人たちや、彼らに護《まも》られている動植物たちをターゲットにして動いている者たちはいた」ということだね。

## レプタリアン族が動物を食べていた理由

ザムザ　宇宙に大きな二つの力（進歩と調和）が働いていて、主《しゅ》なる神は、両方の存在を許しながらも、調和ある世界を創ろうとされていたのではないかなあと思う。

「いずれ、命の尊さのようなものを学べば、もう一段、平和的な共存ができるようになっていく」ということを、長い時間で見ていたのではないかなあ。

要するに、「食糧そのものを、自分たちの手でいろいろとつくり出せるようになれば、そのようになっていく」ということだな。

レプタリアン族が動物を食べていた理由は、先ほど言ったアニマの問題であり、「動物の持っている霊力《れいりょく》まで取り込《こ》んでしまう」という傾向を持っていたからだ。これも一種の信仰《しんこう》なのかもしれないが、ある意味では、人食い人種の思想だな。

「強いやつを食べれば、その霊力を取り込んでしまい、もっと強くなれる」という信仰のようなものがあって、要するに、それが、戦いを挑《いど》んで勝ちたがった理由ではあったかなと思うけどね。

## 7 アルファの護衛《ごえい》をしていた男性の特徴《とくちょう》

A　アルファ様の護衛《ごえい》の方々で、ガイアさんと、あともう一人、頭がツルツルの……。

ザムザ　尖《とが》っている。

A　尖っている？

ザムザ　頭がツルツルだけど、尖っている。

A　この方は男性でしょうか、女性でしょうか。

ザムザ　男性です。

A　男性ですか。

ザムザ　うん。

A　この方について、ほかに何か特徴《とくちょう》的な要素がありましたら……。

「無念無想《むねんむそう》」で姿を消し、「分身《ぶんしん》の術《じゅつ》」を使ったヨナヒム

ザムザ　この人は「無念無想《むねんむそう》」が得意な人で、この人に「無念無想」に入られると、姿が見えなくなってしまう。われらが相手を襲《おそ》おうと思っても、無念無想に入られると、姿が消えてしまうんですよ。

だから、「姿が消える」っていうのが一つあって、もう一つとしては、「分身《ぶんしん》の術《じゅつ》」のようなものを使って、いろいろなところに姿を現すことができた人ですね。

名前はねえ、「ヨナヒム」って言ったかなあ。何か、そんな名前だったような気がします。「ヨナヒム」っていう方ですね。

頭は、ツルツルですけど尖っていて、人類型の顔をしていますが、何か坊《ぼう》さん的なにおいがある感じの方ですね。

姿を消せる人なので、そういう透明《とうめい》人間を相手にすると、戦いはなかなか難しくなる。突如《とつじょ》、背後から強力念波《ねんぱ》のようなものを送られてきたりして、一撃《いちげき》でショックを受けることがありました。

これは「禅定力《ぜんじょうりき》」というらしいのだけれども、「無念無想」で禅定力を溜《た》めることによって、宇宙のエネルギーを集めているような感じがする。それを蓄《たくわ》えているようでしたね。

それと、思いにおいて、自と他の区別のところを限りなく消していき、自と他の違《ちが》いを消していくので、（自と他が）渾然一体《こんぜんいったい》となって、違いが見えなくなってくる。

みな、自分というものを認識しているから、その姿が実際に見えているわけで、その個としての自分の認識がなくて、「宇宙全体のなかに遍満《へんまん》している意識の一部が自分なのだ」という認識を持ったら、どうなるか。

宇宙には、いろいろな星があり、いろいろな生き物が生きているように見えるけれども、実は、宇宙自体は、小さな粒子《りゅうし》が散らばっていて、粒子がそれぞれに集まっているだけのものなので、ごく微細《びさい》な粒子にまで分けていけば、単に光の粒《つぶ》しか宇宙には存在しない。

そこまで自分を無我《むが》にすることができれば、その人は神出鬼没《しんしゅつきぼつ》になることができるし、神に近い力を持つこともできるんじゃないでしょうかね。

アルファは「宇宙を創った原理」をマスターしている

**ザムザ**　アルファの能力について、先ほど、「物質化現象が得意であった」と言ったけれども、アルファの本当の能力は、たぶん、「宇宙を光の粒子で創った、その原理をマスターしている」ということだろうと思う。（アルファは）そうしたことのマスターなのだと思うんですね。

「念《おも》いで宇宙を創ったから、念いで物を創れるし、人類を創れる」ということです。これが神の根源のルールなのかと思いますがね。

## 8 アルファと「惑星連合《わくせい》」の関係

B　約三億年前にレプタリアンと戦争があったときのことなのですが、ベガ、プレアデス、ケンタウルスの「惑星連合《わくせい》」の宇宙人たちと、約三億年前にアルファ様がおられた時代とのかかわり方について教えていただけますでしょうか。

ザムザ　アルファは、もう一つ別の「分身《ぶんしん》」を持っていたのではな

アルファはプレアデスやベガにも「分身《ぶんしん》」を持っていた

いかと思われますね。

プレアデスやベガのほうにも分身を持っておられたと思いますが、地球のほうに重心を移してこられようとしている時期だったのではないかと考えますね。プレアデスにも分身は存在し、ベガにも存在したと思いますが、こちらのほうに中心を移そうとしておられた。

「地球霊団《れいだん》を創るに当たって、金星系の魂《たましい》たちを大きな光の球体のようにして地球に呼んだ」という話がありますけれども、そのあたりから、こちらのほうでも、足場づくりから始め、だんだん本格的につくっていった。

まだ（地球が）未開のうちには、本当の主勢力までは来ていなかったのかもしれませんし、あちらにもまだ足場が少し残ってい

●**地球霊団を創るに当たって……**　地球霊団の創設に当たり、かつて金星を統治していたエル・カンターレは、約４億年前、金星の発達した霊的生命体を地球に移動させて九次元宇宙界に巨大な光球を創り出し、再生のパワーを与えたとされる。『太陽の法』（前掲）参照。

るかもしれませんけれども。

そうですねえ、彼らは彼らで生活してはいたんですけど、ころ合いを見て、順番に地球にお呼びしていると思います。

ただ、「ある時期に完全に来た」というよりは、やっぱり、昔から調査隊風に、繰《く》り返し来ていたのではないかとは思いますけどね。

地球を介在《かいざい》しないでも、宇宙のいろいろなところで、レプタリアン系の方々との出会いは、もうすでに起きていたと思います。

それはすでに起きていたと思いますね。


「まっさらな状態」で始められた地球人類の創成

**ザムザ**　ベガはベガの教えを伝道しようとしていたし、プレアデスはプレアデスの教えを宇宙に広げようとしていたし、ゼータ星はゼータ星で、やっぱり、戦争と科学、弱肉強食の教えを広げようとしていたし、みんなが、それぞれ、自分たちの主張を宇宙に広げようとしていたようには思いますけどね。

●金星ルーツで、ベガやプレアデスも繁栄《はんえい》しましたけれども、その金星ルーツのものを、もう一回、地球で始めるときには、「既成《きせい》概念《がいねん》をなくし、『まっさらな状態』で始めたい」というのが、地球人類の創成の意味だったようには思います。

「今までのものを、完全に持ち越《こ》さない」という意味で、プレアデスやベガの影《かげ》が薄《うす》いように見えるかもしれないけれども、それはそれで、ある意味での完成ではあったので、「まったく同じものにはしたくなかった」というところがあったのかと思いますね。

●**金星ルーツで……**　かつて金星の文明が火山の大爆発によって滅《ほろ》びたときに、地球霊団の創設に参画した人々と、プレアデス星団や琴座のベガなど、友好関係にある他の星に移住していった人々とに分かれた。『太陽の法』『「宇宙の法」入門』『宇宙人との対話』（いずれも幸福の科学出版刊）参照。

# 9　アルファの手伝いをしていた人たち

C　今回の話のなかで、エロスやガイアといった方が出てきますが、この方々は、光の球体として地球に来たのでなければ、どういうかかわり方で地球に呼ばれ、アルファ様と協力なされたのでしょうか。

## 百人近い人がアルファの手伝いをしていた

ザムザ　魂《たましい》としてはかなり古いので、そういう集合で移動したりはしなくて、「今のあなたがたのような立場で手伝っていた」ということだと思いますね。

そういう感じで、「アルファの手伝いをしていた」ということだと思う。

また、もうちょっと人数はいます。キリスト教的には「七大天使」とかがいますけれども、もうちょっといることはいるわけです。いろいろな宗教において、それぞれ、やっぱり、七大天使に当たるような者がいることはいるので、アルファの手伝いをしていた人自体は、全部を合わせれば、おそらく百人近くはいたんじゃないでしょうかね。

それは、集合霊《れい》として動いた者とは違《ちが》う動きをしていたと思いますが。

C　その百人近くいるなかには、プレアデスやベガ以外の星の方々もいらっしゃるのでしょうか。

ザムザ　もちろん、活躍《かつやく》はされているはずです。ええ。もちろん、そうです。

C　そうしますと、地球の始まりである創世の当初には、「プレアデス系やベガ系の考えを中心に入れる」ということではなかったわけですか。

ザムザ　いや、でも、考えのなかには、やっぱり入ってはいたでしようね。

プレアデスとベガの考えは、いちおう入ってはいたと思いますが、まったく同じにするつもりはなかったから、違う種類のものを、要するに、「宇宙では対立を生んでいる者同士」を、同じところに住まわせようとしたわけです。「それで、違った種類のイノベーションが起きると考えた」ということですね。

C　ヨナヒムという方は、どちらの星の方なのでしょうか。

**ザムザ**　これは、いちおうベガですね。もとは、そちらの系統の方だと思いますね。だけど、地球でまた新たな使命を受けて出てはいると思いますけどね。

# 10 レプタリアンを主役にした奇想天外《きそうてんがい》な物語

大川隆法　これでいいですか。

このようなもので物語になるかどうかは分かりませんけれども、昨日《きのう》、「レプタリアンの方を主役にしたい」という、奇想天外《きそうてんがい》な案が出ていたので、いちおう、そちらからの物語をつくってみました。

「地球人の目から宇宙人を見るのは平凡《へいぼん》すぎるので、宇宙人の目から『宇宙の法』を見てみたい。それも、宇宙人だけれども、それほどよい宇宙人ではない、レプタリアンのほうを主役にし、それが地球で改心する物語のようなどんでん返しで、『宇宙の法』を描《えが》いてみたい」という意見が出たので、そちらの方向でまとめてみたわけです。違《ちが》った目で見れば、おそらく違う話に変わると思います。

「老レプタリアンの回顧《かいこ》」ということで、ある人のイメージが浮《う》かんできているとは思います。その方も、三億年前の意識を持っている方の一人ではあるので、一つのテーマにさせていただきました。

「帝王《ていおう》」とまで言える人かどうか、多少のフィクションはあるかもしれませんけれども、「一つのストーリーとして成り立つかどうか、チャレンジしてみた」ということです。

これ以外にも、いろいろと「宇宙の法」を説いているので、ほかのものも入れれば、話を膨《ふく》らませることは可能かもしれません。

# あとがき

三年前、前作の「アニメーション映画『UFO学園の秘密』――宇宙の法PART0《ゼロ》――」が上映された頃から、テレビ番組でもUFO特集が多くなった。今回、「宇宙の法――黎明編――」がまもなく上映になる、七月、八月頃から、多数のUFO映像も収録できるようになった。

何か面白い時代に入《はい》りそうである。

本映画上映が、次のステージへと時代を進めるかもしれない。

「PART2」「PART3」の原作もすでに準備している。日本がＵＦＯ後進国から、先進国へと移行するのは、もうそう遠くはあるまい。

二〇一八年　八月二十八日

幸福《こうふく》の科学《かがく》グループ創始者兼総裁《そうししゃけんそうさい》　大川隆法《おおかわりゅうほう》

『アニメーション映画「宇宙の法―黎明編―」原作ストーリー』関連書籍

『太陽の法』（大川隆法 著　幸福の科学出版刊）

『信仰の法』（同右）

『「宇宙の法」入門』（同右）

『ザ・コンタクト』（同右）

『グレイの正体に迫る』（同右）

『地球を守る「宇宙連合」とは何か』（同右）

※左記は書店では取り扱っておりません。最寄りの精舎・支部・拠点までお問い合わせください。

『アルファの法』（大川隆法 著　宗教法人幸福の科学刊）

# アニメーション映画《えいが》「宇宙《うちゅう》の法《ほう》―黎明編《れいめいへん》―」原作《げんさく》ストーリー

2018年10月 9 日　初版第 1 刷

著　者　　大《おお》 川《かわ》 隆《りゅう》 法《ほう》

発行所　　幸福の科学出版株式会社

〒107-0052 東京都港区赤坂 2 丁目 10 番 14 号
TEL(03)5573-7700
https://www.irhpress.co.jp/

印刷・製本　株式会社 研文社

落丁・乱丁本はおとりかえいたします

ISBN978-4-8233-0029-5 C0074

目次，章扉 Triff/Shutterstock.com
p.26 TitleWatsa/Shutterstock.com ／ p.30, p.31 Tragoolchitr Jittasaiyapan/Shutterstock.com
装丁・イラスト・写真（上記・パブリックドメインを除く）© 幸福の科学

## 大川隆法 ベストセラーズ・宇宙時代の到来に向けて

# 「宇宙の法」入門

### 宇宙人と UFO の真実

あの世で、宇宙にかかわる仕事をしている6人の霊人が語る、驚愕の真実。宇宙から見た「地球の使命」が明かされる。

1,200円

# ＵＦＯリーディングⅠ

### 日本に来ている宇宙人データ 13

上空に続々と姿を現すUFO──。彼らは何のために地球に来ているのか。著者が目撃し、撮影された13種類のUFOの宇宙人たちを一挙解明。

1,400円

# ＵＦＯリーディングⅡ

### 続々と解明される宇宙人データ 7

なぜ、これほどまでに多種多様な宇宙人が、日本に現れているのか？ 著者が目撃し、撮影した数々のUFOをリーディングした、シリーズ第二弾！

1,400円

※表示価格は本体価格（税別）です。

## アニメーション映画
## 「宇宙の法―黎明編―」
## 公式ガイドブック

**「宇宙の法―黎明編―」製作プロジェクト 編**

10月12日公開の映画「宇宙の法―黎明編―」を楽しむための情報が満載！ 監督・今掛勇、音楽・水澤有一、声優・千眼美子が語る見どころなども紹介。

926円

---

## 宇宙人体験リーディングII

**新種の宇宙人を調査する**

幸福の科学学園で起きた不思議現象、謎の触角、金縛り体験、60年前の接近遭遇などをリーディング。NASAも知りえない〝新種〟の宇宙人が明らかに。

1,400円

---

## 宇宙人リーディング
## 理系秀才編

**金星ルーツの宇宙人が語る**

「ＤＮＡと魂の関係」「ワープ原理」「生命の創造」など、驚異の宇宙テクノロジーを解説！ 宇宙工学と霊界科学をミックスした未来科学への扉を開く一書。

1,400円

# 大川隆法 ベストセラーズ・宇宙時代の到来に向けて

## ザ・コンタクト

### すでに始まっている「宇宙時代」の新常識

宇宙人との交流秘史から、アブダクションの目的、そして地球人の魂のルーツまで —— 。「UFO後進国ニッポン」の目を覚ます鍵がここに！

1,500円

---

## 地球を守る「宇宙連合」とは何か

### 宇宙の正義と新時代へのシグナル

プレアデス星人、ベガ星人、アンドロメダ銀河の総司令官が、宇宙の正義を守る「宇宙連合」の存在と壮大な宇宙の秘密を明かす。

1,300円

---

## グレイの正体に迫る

### アブダクションから身を守る方法

レプタリアンにつくられたサイボーグの「グレイ」と、宇宙の平和を守る「宇宙ファイター」から、「アブダクション」の実態とその撃退術が明かされる。

1,400円

※表示価格は本体価格（税別）です。

## ダークサイド・ムーンの遠隔透視

特別装丁 函入り

### 月の裏側に隠された秘密に迫る

地球からは見えない「月の裏側」には何が存在するのか？ アポロ計画中止の理由や、2013年のロシアの隕石落下事件の真相など、驚愕の真実が明らかに！

10,000円

---

## ネバダ州米軍基地「エリア51」の遠隔透視

### アメリカ政府の最高機密に迫る

特別装丁 函入り

ついに、米国と宇宙人との機密が明かされる。人類最高の「霊能力」が米国のトップ・シークレットを透視する衝撃の書。

10,000円

---

## 中国「秘密軍事基地」の遠隔透視

### 中国人民解放軍の最高機密に迫る

人類最高の霊能力が、中国の謎の構造物を遠隔透視！ アメリカ政府も把握できていない中国軍のトップ・シークレットに迫る。

1,500円

## 大川隆法 霊言シリーズ・アニメ映画制作の秘訣

# 手塚治虫の霊言

### 復活した〝マンガの神様〟、夢と未来を語る

「鉄腕アトム」「ブラック・ジャック」など、数々の名作を生み出したマンガの神様が語る「創作の秘訣」。自由でユーモラスな、その発想法が明らかに。

1,400円

---

# 映画「君の名は。」メガヒットの秘密

### 新海誠監督のクリエイティブの源泉に迫る

緻密な風景描写と純粋な心情表現が共感を誘う「新海ワールド」――。その世界観、美的感覚、そして監督自身の本心に迫る守護霊インタビュー。

1,400円

---

# 「宮崎駿アニメ映画」創作の真相に迫る

宮崎アニメの魅力と大ヒット作を生み出す秘密とは？ そして、創作や発想の原点となる思想性とは？ アニメ界の巨匠の知られざる本質に迫る。

1,400円

※表示価格は本体価格（税別）です。

## 大川隆法 シリーズ・最新刊

### 公開霊言
# 女優・樹木希林
### ぶれない生き方と生涯現役の秘訣

女優・樹木希林が死後2日で語った、心温まる感謝のメッセージ。人間味のある演技や生涯現役の秘訣をはじめ、明るく幸せな人生を拓くヒントに満ちた一冊。

1,400円

---

# 吉高由里子 人気女優のスピリチュアル・パワー

清純な役からホラーまで、どんな役を演じても必ず自分に戻ってくる——。「霊感」もあるという女優・吉高由里子の演技論と、そのパワーの根源とは？

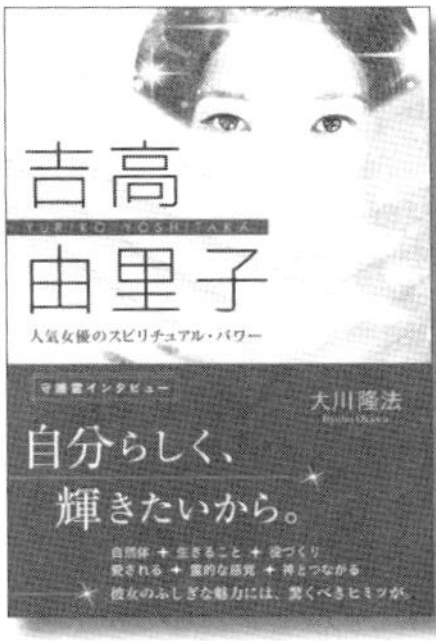


1,400円

---

# 公開霊言 ホーキング博士 死後を語る

英語霊言 日本語訳付き

難病を耐え抜いた天才物理学者・ホーキング博士との、死から3週間後のコンタクト。生前、神もあの世も否定した同氏は、死後の世界をどう語るのか——。

1,400円

想像を絶する、
〝始まり〟へ。
3億3千万年の時空を超えて――いま、
壮大なスケールで描かれる真実の創世記。
この星に込められた、「地球神」の愛とは。
製作総指揮・原案／大川隆法
長編アニメーション映画
宇宙の法 黎明編
The LAWS of the UNIVERSE-PART I
逢坂良太　瀬戸麻沙美　柿原徹也　金元寿子　羽多野 渉　／　千眼美子
梅原裕一郎　大原さやか　村瀬 歩　立花慎之介　安元洋貴　伊藤美紀　浪川大輔
監督／今掛 勇　音楽／水澤有一　総作画監督・キャラクターデザイン／今掛 勇　キャラクターデザイン／須田正己　VFXクリエイティブディレクター／粟屋友美子
アニメーション制作／HS PICTURES STUDIO　幸福の科学出版作品　配給／日活　配給協力／東京テアトル　©2018 IRH Press
10.12［FRI］日米同時公開
laws-of-universe.hspicturesstudio.jp

# 幸福の科学グループのご案内

**宗教、教育、政治、出版などの活動を通じて、地球的ユートピアの実現を目指しています。**

## 幸福の科学

一九八六年に立宗。信仰の対象は、地球系霊団の最高大霊、主エル・カンターレ。世界百カ国以上の国々に信者を持ち、全人類救済という尊い使命のもと、信者は、「愛」と「悟り」と「ユートピア建設」の教えの実践、伝道に励んでいます。

（二〇一八年九月現在）

### 愛

幸福の科学の「愛」とは、与える愛です。これは、仏教の慈悲《じひ》や布施《ふせ》の精神と同じことです。信者は、仏法真理をお伝えすることを通して、多くの方に幸福な人生を送っていただくための活動に励んでいます。

### 悟り

「悟り」とは、自らが仏の子であることを知るということです。教学《きょうがく》や精神統一によって心を磨き、智慧《ちえ》を得て悩みを解決すると共に、天使・菩薩《ぼさつ》の境地を目指し、より多くの人を救える力を身につけていきます。

### ユートピア建設

私たち人間は、地上に理想世界を建設するという尊い使命を持って生まれてきています。社会の悪を押しとどめ、善を推し進めるために、信者はさまざまな活動に積極的に参加しています。

国内外の世界で貧困や災害、心の病で苦しんでいる人々に対しては、現地メンバーや支援団体と連携して、物心両面にわたり、あらゆる手段で手を差し伸べています。

年間約３万人の自殺者を減らすため、全国各地で街頭キャンペーンを展開しています。

公式サイト **www.withyou-hs.net**

ヘレン・ケラーを理想として活動する、ハンディキャップを持つ方とボランティアの会です。視聴覚障害者、肢体不自由な方々に仏法真理を学んでいただくための、さまざまなサポートをしています。

公式サイト **www.helen-hs.net**

## 入会のご案内

幸福の科学では、大川隆法総裁が説く仏法真理《ぶっぽうしんり》をもとに、「どうすれば幸福になれるのか、また、他の人を幸福にできるのか」を学び、実践しています。

**入会**

### 仏法真理を学んでみたい方へ

大川隆法総裁の教えを信じ、学ぼうとする方なら、どなたでも入会できます。入会された方には、『入会版「正心法語」』が授与されます。

ネット入会 入会ご希望の方はネットからも入会できます。
**happy-science.jp/joinus**

**三帰《さんき》誓願《せいがん》**

### 信仰をさらに深めたい方へ

仏弟子としてさらに信仰を深めたい方は、仏《ぶっ》・法《ぽう》・僧《そう》の三宝《さんぽう》への帰依を誓う「三帰誓願式」を受けることができます。三帰誓願者には、『仏説・正心法語《しょうしんほうご》』『祈願文《きがんもん》①』『祈願文②』『エル・カンターレへの祈り』が授与されます。

幸福の科学 サービスセンター
TEL 03-5793-1727
受付時間／
火～金：10～20時
土・日祝：10～18時

幸福の科学 公式サイト
happy-science.jp

# ハッピー・サイエンス・ユニバーシティ
## Happy Science University

**ハッピー・サイエンス・ユニバーシティとは**

ハッピー・サイエンス・ユニバーシティ（HSU）は、大川隆法総裁が設立された「現代の松下村塾」であり、「日本発の本格私学」です。
建学の精神として「幸福の探究と新文明の創造」を掲げ、チャレンジ精神にあふれ、新時代を切り拓く人材の輩出を目指します。

人間幸福学部　経営成功学部　未来産業学部

**HSU長生キャンパス**　TEL **0475-32-7770**
〒299-4325　千葉県長生郡長生村一松丙 4427-1

未来創造学部

**HSU未来創造・東京キャンパス**
TEL **03-3699-7707**
〒136-0076　東京都江東区南砂2-6-5　公式サイト **happy-science.university**

# 学校法人 幸福の科学学園

**学校法人　幸福の科学学園は、幸福の科学の教育理念のもとにつくられた教育機関です。人間にとって最も大切な宗教教育の導入を通じて精神性を高めながら、ユートピア建設に貢献する人材輩出を目指しています。**

**幸福の科学学園**

**中学校・高等学校（那須本校）**
2010年4月開校・栃木県那須郡（男女共学・全寮制）
TEL **0287-75-7777**　公式サイト **happy-science.ac.jp**

**関西中学校・高等学校（関西校）**
2013年4月開校・滋賀県大津市（男女共学・寮及び通学）
TEL **077-573-7774**　公式サイト **kansai.happy-science.ac.jp**

## 仏法真理塾「サクセスNo.1」

全国に本校・拠点・支部校を展開する、幸福の科学による信仰教育の機関です。小学生・中学生・高校生を対象に、信仰教育・徳育にウエイトを置きつつ、将来、社会人として活躍するための学力養成にも力を注いでいます。

TEL 03-5750-0747（東京本校）

**エンゼルプランV**　TEL 03-5750-0757

幼少時からの心の教育を大切にして、信仰をベースにした幼児教育を行っています。

**不登校児支援スクール「ネバー・マインド」**　TEL 03-5750-1741

心の面からのアプローチを重視して、不登校の子供たちを支援しています。

**ユー・アー・エンゼル!（あなたは天使!）運動**

一般社団法人 ユー・アー・エンゼル　TEL 03-6426-7797

障害児の不安や悩みに取り組み、ご両親を励まし、勇気づける、
障害児支援のボランティア運動を展開しています。

**NPO活動支援**

学校からのいじめ追放を目指し、さまざまな社会提言をしています。また、各地でのシンポジウムや学校への啓発ポスター掲示等に取り組む一般財団法人「いじめから子供を守ろうネットワーク」を支援しています。

公式サイト mamoro.org　ブログ blog.mamoro.org

相談窓口 TEL.03-5719-2170

## 百歳まで生きる会

「百歳まで生きる会」は、生涯現役人生を掲げ、友達づくり、生きがいづくりをめざしている幸福の科学のシニア信者の集まりです。

## シニア・プラン21

生涯反省で人生を再生・新生し、希望に満ちた生涯現役人生を生きる仏法真理道場です。定期的に開催される研修には、年齢を問わず、多くの方が参加しています。全国151カ所、海外12カ所で開校中。

【東京校】TEL 03-6384-0778　FAX 03-6384-0779

メール senior-plan@kofuku-no-kagaku.or.jp

# 幸福実現党

内憂外患《ないゆうがいかん》の国難に立ち向かうべく、2009年5月に幸福実現党を立党しました。創立者である大川隆法党総裁の精神的指導のもと、宗教だけでは解決できない問題に取り組み、幸福を具体化するための力になっています。

幸福実現党 釈量子サイト shaku-ryoko.net
Twitter 釈量子@shakuryokoで検索

党の機関紙
「幸福実現NEWS」

## 幸福実現党 党員募集中

**あなたも幸福を実現する政治に参画しませんか。**

○幸福実現党の理念と綱領、政策に賛同する18歳以上の方なら、どなたでも参加いただけます。
○党費:正党員（年額5千円［学生 年額2千円］）、特別党員（年額10万円以上）、家族党員（年額2千円）
○党員資格は党費を入金された日から1年間です。
○正党員、特別党員の皆様には機関紙「幸福実現NEWS(党員版)」が送付されます。

＊申込書は、下記、幸福実現党公式サイトでダウンロードできます。
住所:〒107-0052 東京都港区赤坂2-10-8 6階 幸福実現党本部
TEL 03-6441-0754 FAX 03-6441-0764
公式サイト hr-party.jp 若者向け政治サイト truthyouth.jp

出版 メディア 芸能文化 幸福の科学グループ

# 幸福の科学出版

**大川隆法総裁の仏法真理の書を中心に、ビジネス、自己啓発、小説など、さまざまなジャンルの書籍・雑誌を出版しています。他にも、映画事業、文学・学術発展のための振興事業、テレビ・ラジオ番組の提供など、幸福の科学文化を広げる事業を行っています。**

アー・ユー・ハッピー？
**are-you-happy.com**

ザ・リバティ
**the-liberty.com**

幸福の科学出版
TEL **03-5573-7700**
公式サイト **irhpress.co.jp**

THE FACT

**ザ・ファクト**
マスコミが報道しない
「事実」を世界に伝える
ネット・オピニオン番組

ザ・ファクト 検索

NEW STAR PRODUCTION

# ニュースター・プロダクション

「新時代の"美しさ"」を創造する芸能プロダクションです。2016年3月に映画「天使に"アイム・ファイン"」を、2017年5月には映画「君のまなざし」を公開しています。 公式サイト **newstarpro.co.jp**

ARI Production

# ARI《アリ》 Production《プロダクション》

タレント一人ひとりの個性や魅力を引き出し、「新時代を創造するエンターテインメント」をコンセプトに、世の中に精神的価値のある作品を提供していく芸能プロダクションです。 公式サイト **aripro.co.jp**